파고다 중국어

티엔티엔 중국어 초급회화 2 개정판

초급2

PAGODA Books

파고다 중국어 초급2

초판 1쇄 발행 2012년 5월 1일
개정판 1쇄 인쇄 2020년 9월 7일
개정판 1쇄 발행 2020년 9월 20일

지 은 이	파고다교육그룹 언어교육연구소
펴 낸 이	고루다
펴 낸 곳	Wit&Wisdom 도서출판 위트앤위즈덤
임프린트	PAGODA Books
책임편집	고송은, 장미화
디자인 총괄	정현아
마 케 팅	도정환, 진부영, 유철민, 김용란, 김대환
삽 화	김소영, 이소라
출판등록	2005년 5월 27일 제 300-2005-90호
주 소	06614 서울특별시 서초구 강남대로 419, 19층(서초동, 파고다타워)
전 화	(02) 6940-4070
팩 스	(02) 536-0660
홈페이지	www.pagodabook.com

저작권자 | ⓒ 2020 위트앤위즈덤

ISBN 978-89-6281-859-8 (13720)

도서출판 위트앤위즈덤	www.pagodabook.com
파고다 어학원	www.pagoda21.com
파고다 인강	www.pagodastar.com
테스트 클리닉	www.testclinic.com

〈파고다 중국어 초급 2〉는 〈파고다 중국어 초급 1〉의 다음 스텝으로, 듣기·읽기·말하기·쓰기를 종합적으로 학습할 수 있는 과정입니다. 6개월 이상 중국어를 학습하여 기초적인 지식이 있는 독자를 대상으로 합니다.

본서에서는 〈파고다 중국어 기초〉 시리즈에서 배웠던 중국어의 주요 문법을 다시 한번 체계적으로 정리하고, 나아가 심화 문법 내용을 학습할 수 있도록 구성하였습니다. 동시에 현재 중국 사회의 모습을 반영하여 각 과의 주제를 선정하였기 때문에 실생활에서 자주 쓰이는 어휘와 표현 중심으로 회화 연습을 할 수 있습니다.

본 연구진은 말하기보다는 문법이 우선시되고, 글자에 편중된 학습 방식 때문에 학습 기간에 비해 원어민과의 의사소통이 잘 이루어지지 않는 경우를 많이 보았습니다. 따라서 이를 개선하기 위해 오랫동안 현장에서 학생과 소통하고 있는 선생님들의 교수법을 그대로 담았습니다.

본서를 통해 많은 중국어 학습자가 중국어와 중국 문화에 대해 더 깊은 관심을 두길 바랍니다.

끝으로 본서가 나올 수 있도록 아낌없이 지원해주신 파고다교육그룹의 박경실 회장님, 고루다 대표님께 깊이 감사드립니다. 또한 어려운 집필 과정 중에서도 끊임없이 함께 연구하고 고민해주신 파고다 중국어 강사들과 중국어 컨텐츠 개발팀에도 감사의 말씀 함께 전합니다.

2020.09
파고다교육그룹 언어교육연구소 저자진 일동

이 책의 구성과 사용법

1 학습 포인트

본문으로 들어가기 앞서 먼저 각 과의 회화 및 단문 주제와 어법 내용을 파악한다.

2 단어

본문에 나오는 새로운 단어를 익혀 더욱 쉽고 재미있게 본문을 학습할 수 있도록 한다.

3 패턴 알아보기

본문 학습에 앞서 세 가지 핵심 패턴을 먼저 학습하고, 주어진 어휘들을 활용하여 교체 연습을 한다.

4 회화

일상 생활과 밀접한 내용을 하나의 줄거리로 구성하여 실용 회화를 배울 수 있다.

5 단문 단어 & 단문

단문 학습을 통해서 중국어의 문어체를 익히고, 중국 문화를 엿볼 수 있다.

6 어법 익히기

각 과의 핵심 어법을 기본부터 심화까지 학습하고, 풍부한 예문을 통해 일상 회화에서도 효과적으로 활용할 수 있게 한다.

7 듣기 연습하기

본문에서 배운 내용을 듣고 문제를 풀어보는 코너로, 전반적인 청취 능력을 향상시킬 수 있다.

8 패턴 연습하기

본문과 어법에서 배운 내용을 연습 문제를 통해 복습하고, 응용할 수 있게 한다.

9 생각 표현하기

그림을 보고 이야기를 만들어 보는 연습을 통해 말하기 실력을 키울 뿐 아니라 HSK 시험에도 대비할 수 있다.

10 쓰기 연습하기

본문에서 배운 문장을 배열하는 연습을 통해 중국어의 어순을 익힌다.

11 번역 해보기

중국어를 한국어로, 한국어를 중국어로 번역하는 연습을 통해 본문에서 배운 문장을 확실히 다진다.

12 단어 PLUS

각 과의 주제와 관련된 보충 어휘를 학습하며, 생각을 넓히고 어휘 수준을 향상시킨다.

이 책의 목차

등장인물 소개

高飞 Gāo Fēi
가오페이
(대학교 4학년)

刘佳洋 Liú Jiāyáng
류쟈양
(고등학교 1학년, 刘佳琪의 남동생)

张学明 Zhāng Xuémíng
장쉐밍
(29세 회사원)

慧敏 Huìmǐn
혜민
(한국인 유학생, 刘佳琪의 친구)

刘佳琪 Liú Jiāqí
류쟈치
(대학교 4학년)

李美娜 Lǐ Měinà
이미나
(29세 한국인 회사원)

01

社交网络
shèjiāo wǎngluò

SNS

학습 포인트

- **회화** SNS ｜ 인플루언서
- **단문** SNS 플랫폼
- **어법** 정도보어

☐	评论	pínglùn	동 댓글을 달다, 비평하다
☐	回复	huífù	동 답글을 달다, 회신하다
☐	网络	wǎngluò	명 네트워크, 인터넷
☐	社交	shèjiāo	명 소셜, 사교
☐	上瘾	shàng yǐn	동 중독되다, 인이 박이다
☐	严重	yánzhòng	형 (정도가) 심하다, 심각하다
☐	网友	wǎngyǒu	명 인터넷 친구, 네티즌
☐	分享	fēnxiǎng	동 공유하다, 함께 나누다
☐	而已	éryǐ	조 ~뿐
☐	内蒙古	Nèiménggǔ	고유 네이멍구, 내몽고
☐	赶紧	gǎnjǐn	부 어서, 서둘러
☐	点赞	diǎn zàn	'좋아요'를 누르다
☐	确实	quèshí	부 확실히, 정말로, 틀림없이
☐	拍	pāi	동 (사진·영상 등을) 찍다
☐	点击率	diǎnjīlù	명 (인터넷 게시물의) 조회수
☐	超过	chāoguò	동 넘다, 초과하다
☐	涨	zhǎng	동 늘어나다, 증가하다
☐	粉丝	fěnsī	명 팬, 팔로워
☐	网红	wǎnghóng	명 왕훙(인플루언서)
☐	逗	dòu	동 놀리다 형 웃기다
☐	真正	zhēnzhèng	형 진정한, 참된
☐	不得了	bùdéliǎo	형 정도가 심함을 나타냄
☐	至少	zhìshǎo	부 적어도, 최소한
☐	新手	xīnshǒu	명 새내기, 신참

你怎么不好好儿吃饭? 너는 왜 밥을 잘 안 먹어?
Nǐ zěnme bù hǎohāor chī fàn?

儿子　아들 érzi	睡觉呢　잠을 자다 shuì jiào ne
上司　상사 shàngsi	相信我　나를 믿다 xiāngxìn wǒ

你最近对网络社交上瘾了吧? 너 요즘 SNS에 중독됐구나?
Nǐ zuìjìn duì wǎngluò shèjiāo shàng yǐn le ba?

你弟弟　네 남동생 nǐ dìdi	新出的游戏　새로 나온 게임 xīn chū de yóuxì
妈妈　엄마 māma	那部电视剧　그 드라마 nà bù diànshìjù

我就是和网友分享一下而已。 나는 단지 친구들과 공유하는 것뿐이야.
Wǒ jiùshì hé wǎngyǒu fēnxiǎng yíxià éryǐ.

只不过　단지 zhǐbúguò	说说　말하다 shuōshuo
只是　단지 zhǐshì	假装不知道　모르는 척하다 jiǎzhuāng bù zhīdào

회화

본문 해석 p.181

TRACK 01-3

高飞　佳琪，你怎么不好好儿吃饭，一直看手机呀?
　　　Jiāqí, nǐ zěnme bù hǎohāor chī fàn, yìzhí kàn shǒujī ya?

刘佳琪　有人评论了我的照片，我得回复一下。
　　　　Yǒu rén pínglùn le wǒ de zhàopiàn, wǒ děi huífù yíxià.

> **TIP!**
> '评论'과 '回复'의 기본적인 뜻은 각각 '비평하다'와 '회신하다'인데, SNS상에서는 '댓글을 달다'와 '답글을 달다'라는 의미로 쓰여요.

高飞　你最近对网络社交上瘾了吧?
　　　Nǐ zuìjìn duì wǎngluò shèjiāo shàng yǐn le ba?

刘佳琪　没那么严重! 我就是和网友分享一下而已。
　　　　Méi nàme yánzhòng! Wǒ jiùshì hé wǎngyǒu fēnxiǎng yíxià éryǐ.

高飞　我看看你发了什么好东西。
　　　Wǒ kànkan nǐ fā le shénme hǎo dōngxi.

刘佳琪　就是上次去内蒙古旅行的照片。你赶紧给我点赞。
　　　　Jiù shì shàng cì qù Nèiménggǔ lǚxíng de zhàopiàn. Nǐ gǎnjǐn gěi wǒ diǎn zàn.

高飞　哦，那些照片确实拍得很美。点击率怎么样啊?
　　　Ò, nàxiē zhàopiàn quèshí pāi de hěn měi. Diǎnjīlǜ zěnmeyàng a?

刘佳琪　现在点击率超过1万了，已经有100多个人点赞了，
　　　　Xiànzài diǎnjīlǜ chāoguò yíwàn le, yǐjīng yǒu yìbǎi duō ge rén diǎn zàn le,

　　　　还涨了几个粉丝。
　　　　hái zhǎng le jǐ ge fěnsī.

> **TIP!**
> '粉丝'는 본래 '당면'이라는 뜻인데, 요즘은 '팬(fan)'이라는 의미로도 자주 쓰여요.

高飞　哇，你不会要变成网红了吧?
　　　Wa, nǐ bú huì yào biàn chéng wǎnghóng le ba?

刘佳琪　你别逗了。真正的网红粉丝多得不得了，
Nǐ bié dòu le. Zhēnzhèng de wǎnghóng fěnsī duō de bùdéliǎo,

至少也得有十几万。
zhìshǎo yě děi yǒu shí jǐ wàn.

高飞　那你现在有多少个粉丝？
Nà nǐ xiànzài yǒu duōshao ge fěnsī?

刘佳琪　我只有2000多个粉丝，还是个新手。
Wǒ zhǐ yǒu liǎngqiān duō ge fěnsī, hái shì ge xīnshǒu.

표현
TIP!

부사 '至少'는 '적어도, 최소한'이라는 뜻으로, '至少+동사+수량사' 형태로 쓰여 '적어도
(수량사)만큼 (동사)하다'는 의미를 나타내요.

예　从这儿到我家至少得走二十分钟。
　　Cóng zhèr dào wǒ jiā zhìshǎo děi zǒu èrshí fēnzhōng.
　　여기에서 우리 집까지 적어도 20분은 걸어야 해.

단문 단어

☐	平台	píngtái	몡 플랫폼
☐	如今	rújīn	몡 오늘날, 지금
☐	日常	rìcháng	혱 일상적인
☐	感兴趣	gǎn xìngqù	관심을 두다, 흥미를 갖다
☐	事物	shìwù	몡 사물
☐	比如	bǐrú	동 예를 들다
☐	风景	fēngjǐng	몡 풍경, 경치
☐	内容	nèiróng	몡 내용, 콘텐츠
☐	留	liú	동 남기다
☐	便于	biànyú	동 ~하기에 비교적 편리하다
☐	交流	jiāoliú	동 교류하다, 왕래하다
☐	存在	cúnzài	동 존재하다
☐	负面	fùmiàn	혱 부정적인
☐	影响	yǐngxiǎng	몡 영향 동 영향을 미치다
☐	过度	guòdù	혱 과도하다, (정도에) 지나치다
☐	沉迷	chénmí	동 깊이 빠지다
☐	于	yú	전 ~에(동사 뒤에 쓰임)
☐	忽视	hūshì	동 소홀히 하다, 경시하다
☐	现实	xiànshí	몡 현실
☐	过分	guòfèn	혱 (말이나 행동이) 지나치다, 과하다
☐	在意	zài yì	동 신경을 쓰다, 마음에 두다 (주로 부정 형식으로 쓰임)
☐	他人	tārén	대 타인, 다른 사람
☐	迷失	míshī	동 잃다, 놓치다
☐	自我	zìwǒ	대 자아, 자신
☐	因此	yīncǐ	접 그렇기에, 이러한 이유로
☐	理性	lǐxìng	혱 이성적이다
☐	看待	kàndài	동 대하다

网络社交平台
wǎngluò shèjiāo píngtái

如今，人们常常在SNS上分享自己的日常或自己感兴趣的
Rújīn, rénmen chángcháng zài SNS shang fēnxiǎng zìjǐ de rìcháng huò zìjǐ gǎn xìngqù de

事物。比如拍一些风景和美食发到自己的SNS上。喜欢这些内容的
shìwù. Bǐrú pāi yìxiē fēngjǐng hé měishí fā dào zìjǐ de SNS shang. Xǐhuan zhèxiē nèiróng de

人会点赞或者留下评论。
rén huì diǎn zàn huòzhě liú xià pínglùn.

SNS虽然便于人们交流，但是也存在一些负面影响。比如说，
SNS suīrán biànyú rénmen jiāoliú, dànshì yě cúnzài yìxiē fùmiàn yǐngxiǎng. Bǐrú shuō,

有些人过度沉迷于网络，忽视了现实生活；也有很多人会
yǒuxiē rén guòdù chénmí yú wǎngluò, hūshì le xiànshí shēnghuó; yě yǒu hěn duō rén huì

过分地在意他人的眼光，迷失了自我。因此，我们应该理性地
guòfèn de zài yì tārén de yǎnguāng, míshī le zìwǒ. Yīncǐ, wǒmen yīnggāi lǐxìng de

看待SNS。
kàndài SNS.

◎ 옳고 그름 판단하기 ☒

1 人们会在SNS上点赞或者留下评论。
Rénmen huì zài SNS shang diǎn zàn huòzhě liú xià pínglùn.

2 SNS不存在负面影响。
SNS bù cúnzài fùmiàn yǐngxiǎng.

어법 익히기

 정도보어

술어 뒤에 놓여 동작이나 상태의 정도를 나타내는 보어를 '정도보어'라고 합니다.

 술어 + 得 + 정도보어 ─────────────────────── 기본 문형

구조조사 '得'는 술어와 정도보어를 연결해주는 역할을 합니다. 정도보어는 주로 동사(구), 형용사(구) 등으로 구성됩니다.

> 예 她激动得哭了。 그녀는 감격에 겨워 울었어.
> Tā jīdòng de kū le.
>
> 我每天睡得很晚。 나는 매일 늦게 자.
> Wǒ měitiān shuì de hěn wǎn.

정도보어의 부정형은 정도보어 앞에 '不'나 '不太' 등의 부정부사를 붙이면 됩니다. 또한 긍정형과 부정형을 함께 나열하여 정반 의문문을 만들 수 있습니다.

> 예 妈妈昨晚休息得不好。 엄마는 어젯밤에 제대로 쉬지 못했어.
> Māma zuówǎn xiūxi de bù hǎo.
>
> 你们玩得开不开心? 너희는 즐겁게 놀았니?
> Nǐmen wán de kāi bu kāixīn?

 (술어) + 목적어 + 술어 + 得 + 정도보어 ───────────────

술어가 목적어를 가질 경우, 목적어 뒤에 술어를 한 번 더 반복하여 씁니다. 이때 앞의 술어는 일반적으로 생략됩니다.

> 예 哥哥(弹)吉他弹得非常好。 오빠(형)는 기타를 매우 잘 쳐.
> Gēge (tán) jítā tán de fēicháng hǎo.
>
> 妈妈(做)菜做得不错。 엄마는 요리를 잘하셔.
> Māma (zuò) cài zuò de búcuò.

술어 + 极了/死了/坏了/透了

정도보어 구문 중 구조조사 '得'가 없는 형태로, 정도나 상황이 아주 심함을 나타냅니다. '极了 jí le'는 긍정의 어감을 '死了 sǐ le', '坏了 huài le', '透了 tòu le'는 부정의 어감을 나타냅니다.

예 这个包子好吃极了！ 이 찐빵은 정말 맛있어!
Zhè ge bāozi hǎochī jí le!

一天没吃饭，我饿死了！ 종일 밥을 먹지 못했더니 배고파 죽겠어!
Yìtiān méi chī fàn, wǒ è sǐ le!

 술어 + 得 + 要命/不行/不得了

정도나 상황이 최고조에 이른 상태를 나타내는 정도보어로, 자주 쓰이는 고정 형식입니다.

예 我昨天做了手术，疼得要命。 나는 어제 수술을 해서 아파 죽겠어.
Wǒ zuótiān zuò le shǒushù, téng de yào mìng.

我已经累得不行了。 나는 이미 지칠 대로 지쳤어.
Wǒ yǐjīng lèi de bùxíng le.

弟弟懒得不得了。 남동생은 굉장히 게을러.
Dìdi lǎn de bùdéliǎo.

 단어

激动 jīdòng 통 감격하다, 감동하다, 흥분하다 | 哭 kū 통 울다 | 弹吉他 tán jítā 기타를 치다 | 包子 bāozi 명 (소가 든) 찐빵, 왕만두 | 手术 shǒushù 명 수술 통 수술하다 | 懒 lǎn 형 게으르다

듣기 연습하기

듣기 스크립트 p.179

TRACK 01-6

 녹음을 듣고 일치하는 그림을 고르세요.

1

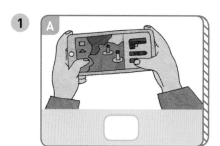

2

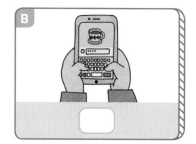

2 녹음을 듣고 제시된 문장의 옳고 그름을 표시하세요.

1. 她发了去内蒙古旅行的照片。
Tā fā le qù Nèiménggǔ lǚxíng de zhàopiàn.

2. 现在点击率不到1万。
Xiànzài diǎnjīlǜ bú dào yíwàn.

3. 真正的网红粉丝并不是很多。
Zhēnzhèng de wǎnghóng fěnsī bìng bú shì hěn duō.

패턴 연습하기

 1 '怎么不~'를 사용하여 다음 문장을 완성하고 대화해보세요.

1 A _____

너는 왜 밥을 잘 안 먹어?

B 我没有胃口。
Wǒ méiyǒu wèikǒu.

2 A _____

아들은 왜 잠을 자지 않는 거야?

B 因为他今天起得太晚，可能不困。
Yīnwèi tā jīntiān qǐ de tài wǎn, kěnéng bú kùn.

 2 '对~上瘾了'를 사용하여 다음 문장을 완성하고 대화해보세요.

1 A _____

너 요즘 SNS에 중독됐구나?

B 没那么严重！我就是和网友分享一下而已。
Méi nàme yánzhòng! Wǒ jiùshì hé wǎngyǒu fēnxiǎng yíxià éryǐ.

2 A _____

네 남동생 요즘 새로 나온 게임에 중독됐구나?

B 是啊，他整天都在玩游戏。
Shì a, tā zhěng tiān dōu zài wán yóuxì.

3 '~而已'를 사용하여 다음 문장을 완성하고 대화해보세요.

1 A 你为什么跟我说这些?

　　Nǐ wèi shénme gēn wǒ shuō zhèxiē?

B 没什么,　_____

　　Méi shénme,　　　　　　나는 단지 말하는 것뿐이야.

2 A 那件事你都知道了吧?

　　Nà jiàn shì nǐ dōu zhīdao le ba?

B 对,　_____

　　Duì,　　　　　　나는 단지 모르는 척하는 것뿐이야.

 4 '정도보어'를 사용하여 다음 문장을 완성하고 대화해보세요.

1 A 你看那些照片怎么样?

　　Nǐ kàn nàxiē zhàopiàn zěnmeyàng?

B _____

　그 사진들 정말 아름답게 찍었어.

2 A 这个包子味道怎么样?

　　Zhè ge bāozi wèidào zěnmeyàng?

B _____

　이 찐빵 정말 맛있어!

 단어

胃口 wèikǒu 명 입맛, 식욕 | 困 kùn 형 졸리다 | 整天 zhěngtiān 온종일

생각 표현하기

모범 답안 p.170

 다음 그림과 주어진 단어를 참고하여 이야기를 만들어보세요.

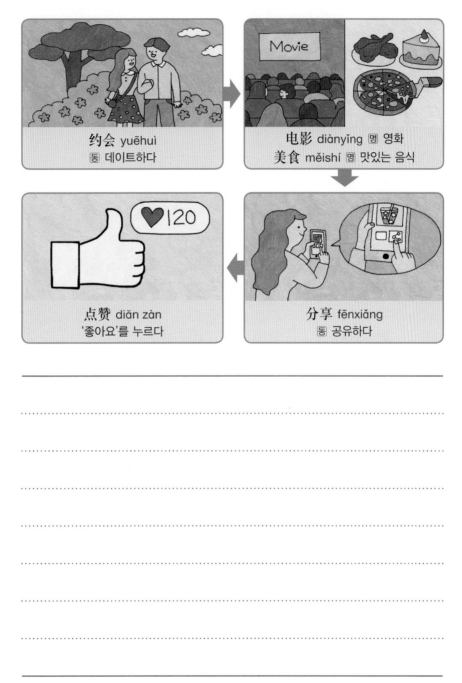

约会 yuēhuì
동 데이트하다

电影 diànyǐng 명 영화
美食 měishí 명 맛있는 음식

分享 fēnxiǎng
동 공유하다

点赞 diǎn zàn
'좋아요'를 누르다

___

쓰기 연습하기

주어진 어휘를 어순에 맞게 배열하세요.

1
评论了	有人	照片	我的
pínglùn le	yǒu rén	zhàopiàn	wǒ de

➡️ _____

어떤 사람이 내 사진에 댓글을 달았어.

2
你	了	要变成	吧	网红	不会
nǐ	le	yào biàn chéng	ba	wǎnghóng	bú huì

➡️ _____

너 왕홍이 되려는 건 아니지?

3
网红	多得	真正的	粉丝	不得了
wǎnghóng	duō de	zhēnzhèng de	fěnsī	bùdéliǎo

➡️ _____

진정한 왕홍은 팔로워가 굉장히 많아.

4
多少	你现在	粉丝	有	个
duōshao	nǐ xiànzài	fěnsī	yǒu	ge

➡️ _____

너는 지금 팔로워가 얼마나 있어?

1 다음 중국어 문장을 한국어로 번역하세요.

1 就是上次去内蒙古旅行的照片。
Jiù shì shàng cì qù Nèiménggǔ lǚxíng de zhàopiàn.

➡ _____

2 现在点击率超过1万了。
Xiànzài diǎnjīlǜ chāoguò yíwàn le.

➡ _____

3 我已经累得不行了。
Wǒ yǐjīng lèi de bùxíng le.

➡ _____

2 다음 한국어 문장을 중국어로 번역하세요.

1 그녀는 감격에 겨워 울었어.

➡ _____

2 엄마는 어젯밤에 제대로 쉬지 못했어.

➡ _____

3 오빠(형)는 기타를 매우 잘 쳐.

➡ _____

SNS와 관련된 단어를 익혀보세요.

帖子 tiězi
게시글

上传 shàngchuán
업로드하다

分享 fēnxiǎng
공유하다

评论 pínglùn
댓글을 달다

回复 huífù
답글을 달다

收藏 shōucáng
스크랩하다

关注 guānzhù
팔로우하다

私信 sīxìn
DM(서로 주고 받는
비공개 메시지)

(话题)标签
(huàtí) biāoqiān
해시태그

02

大学生活
dàxué shēnghuó

대학 생활

학습 포인트

- **회화** 대학 생활 | 수강 신청 | 아르바이트
- **단문** 교내 국제 문화제
- **어법** 동량보어

단어

☐	选课	xuǎn kè	수강 신청하다
☐	学期	xuéqī	몡 학기
☐	抢	qiǎng	동 빼앗다, 쟁취하다, 앞다투어 ~하다
☐	选修课	xuǎnxiūkè	몡 교양 과목
☐	教授	jiàoshòu	몡 교수
☐	网络营销	wǎngluò yíngxiāo	온라인 마케팅
☐	手速	shǒusù	몡 손놀림
☐	一共	yígòng	튀 총, 모두
☐	学分	xuéfēn	몡 학점
☐	够	gòu	동 (필요한 수량·기준 등이) 충분하다
☐	除了	chúle	젠 ~외에, ~을(를) 제외하고
☐	迎新晚会	yíngxīn wǎnhuì	신입 환영회
☐	家教	jiājiào	몡 가정 교사
☐	做家教	zuò jiājiào	과외를 하다
☐	不好意思	bù hǎoyìsi	~하기 난처하다, 곤란하다
☐	拒绝	jùjué	동 거절하다
☐	继续	jìxù	동 계속하다
☐	赚	zhuàn	동 (돈을) 벌다
☐	生活费	shēnghuófèi	몡 생활비
☐	论文	lùnwén	몡 논문
☐	空(儿)	kòng(r)	몡 여유, 시간, 짬
☐	听说	tīngshuō	동 듣자 하니 ~라고 한다
☐	兼职	jiānzhí	몡 아르바이트, 겸직
☐	要不	yàobù	젭 아니면, 그렇지 않으면

패턴 알아보기

TRACK 02-2

 我点了好几次都没选上。 나는 여러 번 클릭했는데도 신청하지 못했어.

Wǒ diǎn le hǎojǐ cì dōu méi xuǎn shàng.

看 kàn 보다 打 dǎ (전화를) 걸다	好几遍 hǎojǐ biàn 여러 번 好几次电话 hǎojǐ cì diànhuà 여러 번의 전화	看懂 kàn dǒng 이해하다 打通 dǎ tōng 전화가 연결되다

 除了上课，你还得忙学生会的事情吧?

Chúle shàng kè, nǐ hái děi máng xuéshēnghuì de shìqing ba?

너는 수업 외에 학생회 일로도 바쁘지?

北京　베이징 Běijīng 火锅　훠궈 huǒguō	去过上海和深圳吧　상하이와 선전을 가 봤지? qù guo Shànghǎi hé Shēnzhèn ba 想吃什么中国菜　어떤 중국 요리를 먹고 싶어? xiǎng chī shénme Zhōngguócài

 要不你介绍他去吧! 아니면 네가 그에게 가라고 소개해줘!

Yàobù nǐ jièshào tā qù ba!

打车回家吧　택시 타고 집에 가자 dǎ chē huí jiā ba 我陪你一块儿去　내가 너와 함께 갈게 wǒ péi nǐ yíkuàir qù

회화

본문 해석 p.181   TRACK 02-3

> **TIP!**
> 대학에서 이수하는 필수 과목은
> '必修课 bìxiūkè', 교양 과목은
> '选修课 xuǎnxiūkè'라고 해요.

高飞 佳琪，你选完新学期的课了吗？
Jiāqí, nǐ xuǎn wán xīn xuéqī de kè le ma?

刘佳琪 选完了，不过没抢到我喜欢的选修课。你呢？
Xuǎn wán le, búguò méi qiǎng dào wǒ xǐhuan de xuǎnxiūkè. Nǐ ne?

高飞 我特别幸运，抢到了刘教授的网络营销课。
Wǒ tèbié xìngyùn, qiǎng dào le Liú jiàoshòu de wǎngluò yíngxiāo kè.

刘佳琪 你的手速真快！我点了好几次都没选上。
Nǐ de shǒusù zhēn kuài! Wǒ diǎn le hǎojǐ cì dōu méi xuǎn shàng.

高飞 那你这学期的课一共多少学分？
Nà nǐ zhè xuéqī de kè yígòng duōshao xuéfēn?

刘佳琪 现在是20学分，够了。
Xiànzài shì èrshí xuéfēn, gòu le.

高飞 除了上课，你还得忙学生会的事情吧？
Chúle shàng kè, nǐ hái děi máng xuéshēnghuì de shìqing ba?

刘佳琪 是啊！最近在准备迎新晚会。你呢？这学期还做家教吗？
Shì a! Zuìjìn zài zhǔnbèi yíngxīn wǎnhuì. Nǐ ne? Zhè xuéqī hái zuò jiājiào ma?

高飞 我不想做了，但以前的学生给我打了两遍电话。
Wǒ bù xiǎng zuò le, dàn yǐqián de xuésheng gěi wǒ dǎ le liǎng biàn diànhuà.

我都不好意思拒绝了。
Wǒ dōu bù hǎoyìsi jùjué le.

刘佳琪　那你就继续教他嘛！还可以赚点儿生活费。
Nà nǐ jiù jìxù jiāo tā ma! Hái kěyǐ zhuàn diǎnr shēnghuófèi.

TIP!
이 문장에서 조사
'嘛 ma'는 권고의
의미를 나타내요.

高飞　可是这学期我要写论文，没有空儿。
Kěshì zhè xuéqī wǒ yào xiě lùnwén, méiyǒu kòngr.

刘佳琪　这样啊！我听说李明在找兼职，要不你介绍他去吧！
Zhèyàng a! Wǒ tīngshuō Lǐ Míng zài zhǎo jiānzhí, yàobù nǐ jièshào tā qù ba!

표현
TIP!

'要不'는 '아니면'이라는 의미의 접속사로, 뒤 절의 맨 앞에 놓여 화자의 바람을 나타내는
역할을 해요. '要不然'이나 '不然'으로 바꾸어 쓸 수 있어요.

예　你的感冒越来越严重了，要不去医院看医生吧。
Nǐ de gǎnmào yuèláiyuè yánzhòng le, yàobù qù yīyuàn kàn yīshēng ba.
너 감기가 점점 심해지네, 아니면 병원에 가서 진찰받아봐.

단문 단어

TRACK 02-4

	校园	xiàoyuán	명 교내, 캠퍼스, 교정
☐	国际	guójì	명 국제
☐	文化	wénhuà	명 문화
☐	节	jié	명 축제, 기념일, 명절
☐	举行	jǔxíng	동 개최하다, 열다
☐	届	jiè	양 (정기 회의 등의) 회, 차, 기
☐	操场	cāochǎng	명 운동장
☐	各	gè	대 각, 여러 (일정 범위 내의 모든 개체를 가리킴)
☐	展台	zhǎntái	명 부스, 전시대
☐	布置	bùzhì	동 설치하다, 배치하다, 꾸미다
☐	来自	láizì	동 ~에서 오다
☐	留学生	liúxuéshēng	명 유학생
☐	服装	fúzhuāng	명 의상, 복장
☐	观众	guānzhòng	명 관객, 관중
☐	分发	fēnfā	동 (하나씩) 나누어 주다
☐	当地	dāngdì	명 현지
☐	文艺	wényì	명 문예
☐	演出	yǎnchū	동 공연하다
☐	十分	shífēn	부 아주, 매우
☐	精彩	jīngcǎi	형 (공연·전시 등이) 훌륭하다, 뛰어나다
☐	国家	guójiā	명 나라, 국가
☐	表演	biǎoyǎn	동 공연하다, 연기하다
☐	具有	jùyǒu	동 있다(주로 추상적인 사물에 쓰임)
☐	特色	tèsè	명 특색
☐	节目	jiémù	명 프로그램
☐	活动	huódòng	명 행사, 활동
☐	之前	zhīqián	명 그전
☐	值得	zhí dé	동 가치가 있다, 의의가 있다
☐	收获	shōuhuò	명 수확, 성과
☐	满	mǎn	형 가득하다, 꽉 차다

본문 해석 p.182

TRACK 02-5

校园国际文化节

xiàoyuán guójì wénhuà jié

今天我们学校举行了第十三届国际文化节。为了这次文化节，
Jīntiān wǒmen xuéxiào jǔxíng le dì-shísān jiè guójì wénhuà jié. Wèile zhè cì wénhuà jié,

大家准备了一个多月。
dàjiā zhǔnbèi le yí ge duō yuè.

我们今天一大早就来到了操场。中午的时候各国的展台
Wǒmen jīntiān yídàzǎo jiù lái dào le cāochǎng. Zhōngwǔ de shíhou gè guó de zhǎntái

就都布置好了。来自世界各地的留学生们穿着本国的服装
jiù dōu bùzhì hǎo le. Láizì shìjiè gè dì de liúxuéshēngmen chuān zhe běn guó de fúzhuāng

给观众分发当地的美食。下午的文艺演出十分精彩。各个国家的
gěi guānzhòng fēnfā dāngdì de měishí. Xiàwǔ de wényì yǎnchū shífēn jīngcǎi. Gè ge guójiā de

留学生都表演了具有本国文化特色的节目。
liúxuéshēng dōu biǎoyǎn le jùyǒu běn guó wénhuà tèsè de jiémù.

在今天的活动中，我发现很多人对韩国文化感兴趣。
Zài jīntiān de huódòng zhōng, wǒ fāxiàn hěn duō rén duì Hánguó wénhuà gǎn xìngqù.

我们之前的准备都很值得。今天真是收获满满的一天！
Wǒmen zhīqián de zhǔnbèi dōu hěn zhí dé. Jīntiān zhēn shì shōuhuò mǎnmǎn de yìtiān!

◎ 옳고 그름 판단하기 ⊗

1. 他们来到操场时，各国的展台都布置好了。
   Tāmen lái dào cāochǎng shí, gè guó de zhǎntái dōu bùzhì hǎo le.

2. 很多学生对韩国文化感兴趣。
   Hěn duō xuésheng duì Hánguó wénhuà gǎn xìngqù.

어법 익히기

 동량보어

술어 뒤에 놓여 동작의 횟수를 나타내는 보어를 '동량보어'라고 합니다.

1 **술어 + 동량보어** ——————————————————— 기본 문형

동량보어는 수사와 동량사(동작 혹은 변화의 횟수를 나타내는 양사)가 결합한 형태입니다. 자주 쓰이는 동량사로는 '次, 遍, 趟, 场, 顿' 등이 있습니다.

예 我和他见过一次。
Wǒ hé tā jiàn guo yí cì.
나는 그와 한 번 만난 적이 있어.

我昨天来了三趟，他都不在。
Wǒ zuótiān lái le sān tàng, tā dōu bú zài.
나는 어제 세 차례 왔다 갔는데, 그는 줄곧 없었어.

동량보어가 있는 문장을 부정할 때는 '주어+동량보어+都/也+没+술어'의 형식으로 쓰입니다.

예 毕业之后，我和他见过一次。
Bì yè zhīhòu, wǒ hé tā jiàn guo yí cì.
졸업한 후에 나는 그와 한 번 만난 적이 있어.

→ 毕业之后，我和他一次也没见过。
Bì yè zhīhòu, wǒ hé tā yí cì yě méi jiàn guo.
졸업한 후에 나는 그와 한 번도 만난 적이 없어.

 단어

趟 tàng 양 차례, 번(왕래한 횟수를 세는 단위) | 场 chǎng 양 회, 번(문예·체육·오락 활동 등에 쓰임) | 顿 dùn 양 끼, 차례(식사, 질책 등에 쓰임) | 毕业 bì yè 동 졸업하다 | 小说 xiǎoshuō 명 소설 | 非洲 Fēizhōu 고유 아프리카

1 술어 + 동량보어 + 목적어(일반명사)

목적어가 일반명사일 경우 동량보어 뒤에 위치합니다.

예 我看了两遍这本小说。
Wǒ kàn le liǎng biàn zhè běn xiǎoshuō.
나는 이 소설을 두 번 읽었어.

爸爸今天给我打过四次电话。
Bàba jīntiān gěi wǒ dǎ guo sì cì diànhuà.
아빠는 오늘 내게 네 번 전화하셨어.

2 술어 + 목적어(대명사) + 동량보어

목적어가 대명사일 경우 동량보어 앞에 위치합니다.

예 我去过那儿两次，还是去别的地方吧。
Wǒ qù guo nàr liǎng cì, háishi qù bié de dìfang ba.
나는 그곳에 두 번 가봤어, 다른 곳으로 가는 게 좋겠어.

同事叫了我好几遍，我都没听到。
Tóngshì jiào le wǒ hǎojǐ biàn, wǒ dōu méi tīng dào.
직장 동료가 나를 여러 번 불렀는데, 나는 모두 듣지 못했어.

3 술어 + 동량보어 + 목적어(장소)
술어 + 목적어(장소) + 동량보어

목적어가 장소를 가리키는 명사일 경우 동량보어 앞뒤에 모두 위치할 수 있습니다.

예 哥哥去年去了一趟非洲。
Gēge qùnián qù le yí tàng Fēizhōu.
오빠(형)는 작년에 아프리카를 한 번 다녀왔어.

= 哥哥去年去了非洲一趟。
Gēge qùnián qù le Fēizhōu yí tàng.

녹음을 듣고 일치하는 그림을 고르세요.

①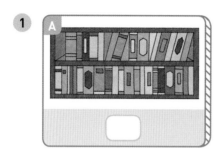

②

2 녹음을 듣고 제시된 문장의 옳고 그름을 표시하세요.

① 他抢到了刘教授的网络游戏课。
Tā qiǎng dào le Liú jiàoshòu de wǎngluò yóuxì kè.

② 她最近在准备迎新晚会。
Tā zuìjìn zài zhǔnbèi yíngxīn wǎnhuì.

③ 她听说李明在找女朋友。
Tā tīngshuō Lǐ Míng zài zhǎo nǚ péngyou.

패턴 연습하기

 1 '好几'를 사용하여 다음 문장을 완성하고 대화해보세요.

1 A 你选到你喜欢的选修课了吗?

Nǐ xuǎn dào nǐ xǐhuan de xuǎnxiūkè le ma?

B _____

나는 여러 번 클릭했는데도 신청하지 못했어.

2 A 你看懂这段英文了吗?

Nǐ kàn dǒng zhè duàn Yīngwén le ma?

B _____

나는 여러 번 봤는데도 이해하지 못했어.

2 '除了~, 还~'를 사용하여 다음 문장을 완성하고 대화해보세요.

1 A _____

너는 수업 외에 학생회 일로도 바쁘지?

B 是啊! 最近在准备迎新晚会。

Shì a! Zuìjìn zài zhǔnbèi yíngxīn wǎnhuì.

2 A _____

너는 훠궈 외에 어떤 중국 요리를 먹고 싶어?

B 我想吃锅包肉、小笼包、担担面……好多!

Wǒ xiǎng chī guōbāoròu、xiǎolóngbāo、dàndànmiàn…… Hǎo duō!

3 '要不'를 사용하여 다음 문장을 완성하고 대화해보세요.

1 A 这学期我要写论文，没有空儿做家教。
Zhè xuéqī wǒ yào xiě lùnwén, méiyǒu kòngr zuò jiājiào.

B 我听说李明在找兼职，_____
Wǒ tīngshuō Lǐ Míng zài zhǎo jiānzhí, 아니면 네가 그에게 가라고 소개해줘!

2 A 我们坐公交车吧。
Wǒmen zuò gōngjiāochē ba.

B 外面下大雨呢，_____
Wàimiàn xià dàyǔ ne,　　　　　아니면 택시 타고 집에 가자!

4 '동량보어'를 사용하여 다음 문장을 완성하고 대화해보세요.

1 A 你这学期还做家教吗？
Nǐ zhè xuéqī hái zuò jiājiào ma?

B 我不想做了，但_____
Wǒ bù xiǎng zuò le, dàn　　　예전 학생이 내게 두 번 전화를 했어.

2 A 咱们去那儿怎么样？
Zánmen qù nàr zěnmeyàng?

B _____，还是去别的地方吧。
　　　나는 그곳에 두 번 가봤어,　　háishi qù bié de dìfang ba.

생각 표현하기

모범 답안 p.171

 다음 그림과 주어진 어휘를 참고하여 이야기를 만들어보세요.

开学第一天 kāi xué dì-yī tiān
개학 첫 날

室友 shìyǒu
명 룸메이트

期待 qīdài
동 기대하다

课堂 kètáng
명 수업, 학습의 장

쓰기 연습하기

주어진 어휘를 어순에 맞게 배열하세요.

1

一共	你	学分	这学期的课	多少
yígòng	nǐ	xuéfēn	zhè xuéqī de kè	duōshao

➡ _____

너 이번 학기 수업이 총 몇 학점이야?

2

拒绝	我	不好意思	都	了
jùjué	wǒ	bù hǎoyìsi	dōu	le

➡ _____

내가 거절하기 난처하더라고.

3

见过	我和他	也	一次	没
jiàn guo	wǒ hé tā	yě	yí cì	méi

➡ _____

나는 그와 한 번도 만난 적이 없어.

4

去年	一趟	去了非洲	哥哥
qùnián	yí tàng	qù le Fēizhōu	gēge

➡ _____

오빠(형)는 작년에 아프리카를 한 번 다녀왔어.

번역 해보기

1 다음 중국어 문장을 한국어로 번역하세요.

1 我抢到了刘教授的网络营销课。
Wǒ qiǎng dào le Liú jiàoshòu de wǎngluò yíngxiāo kè.

➡ _____

2 你的手速真快！
Nǐ de shǒusù zhēn kuài!

➡ _____

3 我昨天来了三趟，他都不在。
Wǒ zuótiān lái le sān tàng, tā dōu bú zài.

➡ _____

2 다음 한국어 문장을 중국어로 번역하세요.

1 나는 아주 운이 좋아.

➡ _____

2 이번 학기에 나는 논문을 써야 해서 여유가 없어.

➡ _____

3 내가 듣기로는 리밍이 아르바이트를 구하고 있대.

➡ _____

단어 PLUS

TRACK 02-7

 대학 생활과 관련된 단어를 익혀보세요.

宿舍 | 寝室
sùshè | qǐnshì
기숙사

舍友 | 室友
shèyǒu | shìyǒu
룸메이트

奖学金 jiǎngxuéjīn
장학금

教授 jiàoshòu
교수

双学位 shuāngxuéwèi
복수 전공(학위)

社团 shètuán
동아리

期中考试
qīzhōng kǎoshì
중간고사

期末考试
qīmò kǎoshì
기말고사

旷课 kuàng kè
(학생이) 땡땡이치다

03

体育运动
tǐyù yùndòng

스포츠

학습 포인트

- **회화** 스포츠 | 동계 올림픽
- **단문** 중국의 탁구
- **어법** 시량보어

단어

☐	冬奥会	Dōng'àohuì	고유 동계 올림픽 ('冬季奥运会'의 줄임말)
☐	开幕	kāi mù	동 개막하다
☐	开幕式	kāimùshì	명 개막식
☐	无人机	wúrénjī	명 드론, 무인 항공기
☐	场面	chǎngmiàn	명 장면
☐	壮观	zhuàngguān	형 웅장하다, 장관이다
☐	主要	zhǔyào	형 주로, 주요하다
☐	比赛	bǐsài	명 경기, 시합
☐	项目	xiàngmù	명 종목, 항목
☐	短道速滑	duǎndào sùhuá	쇼트트랙(스피드 스케이팅 경기)
☐	选手	xuǎnshǒu	명 선수
☐	参加	cānjiā	동 참가하다, 참석하다
☐	奥运会	Àoyùnhuì	고유 올림픽 ('奥林匹克运动会'의 줄임말)
☐	速滑	sùhuá	명 스피드 스케이팅
☐	刺激	cìjī	동 자극하다, 자극시키다
☐	接力	jiēlì	동 릴레이 경기하다, 하나가 다른 하나를 대체하여 진행하다
☐	考验	kǎoyàn	동 시험하다
☐	冰上运动	bīngshàng yùndòng	빙상 스포츠
☐	冰壶	bīnghú	명 컬링
☐	进入	jìnrù	동 (어떤 범위·시기에) 들다, 진입하다
☐	欧洲	Ōuzhōu	고유 유럽
☐	历史	lìshǐ	명 역사
☐	久远	jiǔyuǎn	형 아주 오래다
☐	强项	qiángxiàng	명 우세 종목, 실력이 뛰어난 종목
☐	亚洲	Yàzhōu	고유 아시아
☐	成绩	chéngjì	명 성적
☐	金牌	jīnpái	명 금메달

패턴 알아보기

TRACK 03-2

1

冬奥会就要开幕了。 동계 올림픽이 곧 개막해.
Dōng'àohuì jiù yào kāi mù le.

新的一年　새로운 한 해
xīn de yìnián

假期　휴가
jiàqī

开始　시작하다
kāishǐ

结束　끝나다
jiéshù

2

我对开幕式不感兴趣。 나는 개막식에 관심 없어.
Wǒ duì kāimùshì bù gǎn xìngqù.

世界历史　세계사
shìjiè lìshǐ

任何事情　어떠한 일
rènhé shìqing

很感兴趣　관심이 많다
hěn gǎn xìngqù

都没有兴趣　다 흥미가 없다
dōu méiyǒu xìngqù

3

我从小就喜欢各种冰上运动。
Wǒ cóngxiǎo jiù xǐhuan gè zhǒng bīngshàng yùndòng.
나는 어릴 때부터 각종 빙상 스포츠를 좋아했어.

弟弟　남동생
dìdi

妹妹　여동생
mèimei

爱运动　운동하는 것을 좋아하다
ài yùndòng

怕猫　고양이를 무서워하다
pà māo

회화

본문 해석 p.182 TRACK 03-3

高飞 　过几天冬奥会就要开幕了，好期待呀！
　　　Guò jǐ tiān Dōng'àohuì jiù yào kāi mù le, hǎo qīdài ya!

刘佳琪 　听说今年开幕式会有无人机表演，
　　　Tīngshuō jīnnián kāimùshì huì yǒu wúrénjī biǎoyǎn,

　　　场面肯定很壮观。
　　　chǎngmiàn kěndìng hěn zhuàngguān.

高飞 　我对开幕式不感兴趣，我主要是看比赛。
　　　Wǒ duì kāimùshì bù gǎn xìngqù, wǒ zhǔyào shì kàn bǐsài.

刘佳琪 　你最喜欢看什么项目？
　　　Nǐ zuì xǐhuan kàn shénme xiàngmù?

高飞 　短道速滑。我喜欢的选手会参加这次奥运会。
　　　Duǎndào sùhuá. Wǒ xǐhuan de xuǎnshǒu huì cānjiā zhè cì Àoyùnhuì.

　　　我等了四年了！
　　　Wǒ děng le sì nián le!

刘佳琪 　速滑很刺激，特别是接力，对选手是很大的考验。
　　　Sùhuá hěn cìjī, tèbié shì jiēlì, duì xuǎnshǒu shì hěn dà de kǎoyàn.

高飞 　对，而且非常帅！我从小就喜欢各种冰上运动。
　　　Duì, érqiě fēicháng shuài! Wǒ cóngxiǎo jiù xǐhuan gè zhǒng bīngshàng yùndòng.

刘佳琪 　是吗？那你学过冰上运动吗？
　　　Shì ma? Nà nǐ xué guo bīngshàng yùndòng ma?

高飞 　学过。我学了两年速滑，还学过冰壶。
　　　Xué guo. Wǒ xué le liǎng nián sùhuá, hái xué guo bīnghú.

刘佳琪　冰壶是什么？奥运会上有这个项目吗？
Bīnghú shì shénme? Àoyùnhuì shang yǒu zhè ge xiàngmù ma?

高飞　有，但是它进入奥运会的时间不长。
Yǒu, dànshì tā jìnrù Àoyùnhuì de shíjiān bù cháng.

其实冰壶在欧洲历史很久远，
Qíshí bīnghú zài Ōuzhōu lìshǐ hěn jiǔyuǎn,

所以它也是欧洲国家的强项。
suǒyǐ tā yě shì Ōuzhōu guójiā de qiángxiàng.

不过这几年亚洲的冰壶队成绩也不错。
Búguò zhè jǐ nián Yàzhōu de bīnghúduì chéngjì yě búcuò.

希望这次能有亚洲国家拿到金牌。
Xīwàng zhè cì néng yǒu Yàzhōu guójiā ná dào jīnpái.

> **TIP!**
> 금메달은 '金牌 jīnpái',
> 은메달은 '银牌 yínpái',
> 동메달은 '铜牌 tóngpái'
> 라고 해요.

표현 TIP!

● **就要～了 VS 快要～了**

'就要～了'와 '快要～了' 모두 '곧 ～하다'라는 의미로 어떤 동작이나 상황이 곧 발생할 것임을 나타내요. 다만, '就要～了' 앞에는 시간사가 올 수 있지만, '快要～了' 앞에는 시간사가 올 수 없어요.

　例　我们明天就要回国了。(O)
　　　Wǒmen míngtiān jiù yào huí guó le.
　　　우리는 내일 귀국해.

　　　我们明天快要回国了。(X)

단문 단어

TRACK 03-4

☐	乒乓球	pīngpāngqiú	명 탁구
☐	国球	guóqiú	명 국가를 대표하는 구기 종목
☐	乒乓球桌	pīngpāngqiúzhuō	명 탁구대
☐	说明	shuōmíng	동 증명하다, 설명하다
☐	普及	pǔjí	동 보급되다, 보급하다
☐	许多	xǔduō	수 많은, 허다한
☐	普通	pǔtōng	형 일반의, 보통의
☐	老百姓	lǎobǎixìng	명 국민, 일반인 (군인, 정부 인사와 구별됨)
☐	甚至	shènzhì	접 ~조차도, 심지어, 나아가
☐	喜爱	xǐ'ài	동 좋아하다, 관심을 두다
☐	优秀	yōuxiù	형 우수하다, 뛰어나다
☐	难怪	nánguài	동 ~하는 것을 탓할 수도 없다 (양해의 뜻이 내포됨)
☐	总	zǒng	부 늘, 항상
☐	获得	huòdé	동 따다, 얻다, 획득하다
☐	称	chēng	동 칭하다, 말하다, 부르다
☐	难以	nányǐ	동 ~하기 어렵다
☐	逾越	yúyuè	동 넘다

中国的乒乓球运动
Zhōngguó de pīngpāngqiú yùndòng

乒乓球是中国的国球。在中国的公园或者校园中，
Pīngpāngqiú shì Zhōngguó de guóqiú. Zài Zhōngguó de gōngyuán huòzhě xiàoyuán zhōng,

乒乓球桌比较常见。这说明乒乓球运动在中国普及得
pīngpāngqiúzhuō bǐjiào cháng jiàn. Zhè shuōmíng pīngpāngqiú yùndòng zài Zhōngguó pǔjí de

非常好。
fēicháng hǎo.

中国许多普通的老百姓会打乒乓球，甚至很多小孩子也
Zhōngguó xǔduō pǔtōng de lǎobǎixìng huì dǎ pīngpāngqiú, shènzhì hěn duō xiǎoháizi yě

会打。可能因为中国人特别喜爱乒乓球，所以才会有那么多
huì dǎ. Kěnéng yīnwèi Zhōngguórén tèbié xǐ'ài pīngpāngqiú, suǒyǐ cái huì yǒu nàme duō

优秀的乒乓球选手。这也难怪中国乒乓球队总能在国际
yōuxiù de pīngpāngqiú xuǎnshǒu. Zhè yě nánguài Zhōngguó pīngpāngqiúduì zǒng néng zài guójì

比赛中获得金牌。因此有些国家称中国的乒乓球项目是难以
bǐsài zhōng huòdé jīnpái. Yīncǐ yǒuxiē guójiā chēng Zhōngguó de pīngpāngqiú xiàngmù shì nányǐ

逾越的长城。
yúyuè de Chángchéng.

옳고 그름 판단하기 ✕

1 乒乓球运动在中国普及得不太好。
Pīngpāngqiú yùndòng zài Zhōngguó pǔjí de bú tài hǎo.　☐

2 中国乒乓球队总能在国际比赛中获得金牌。
Zhōngguó pīngpāngqiúduì zǒng néng zài guójì bǐsài zhōng huòdé jīnpái.　☐

어법 익히기

 시량보어

술어 뒤에 놓여 동작이나 상태가 지속된 시간을 나타내는 보어를 '시량보어'라고
합니다.

1 **술어 + 시량보어** 기본 문형

시량보어에는 시간을 나타내는 수량사가 위치하고, 술어는 동작의 완료를 나타
내는 동태조사 '了'와 함께 쓰입니다.

예 妹妹睡了九个小时。 여동생은 9시간 동안 잤어.
Mèimei shuì le jiǔ ge xiǎoshí.

我练了两个星期。 나는 2주 동안 연습했어.
Wǒ liàn le liǎng ge xīngqī.

문장 끝에 어기조사 '了'를 붙이면, 동작이나 상태가 지금까지 지속된다는 의미
를 나타냅니다.

예 我等了半天。 나는 한참 동안 기다렸어.
Wǒ děng le bàn tiān.

我等了半天了。 나는 한참 동안 기다리고 있어.
Wǒ děng le bàn tiān le.

시량보어가 있는 문장을 부정할 때는 '주어+시량보어+都/也+没+술어'의 형
식으로 쓰입니다.

예 我休息了一天。 나는 하루 쉬었어.
Wǒ xiūxi le yìtiān.

→ 我一天都没休息。 나는 하루도 쉬지 않았어.
Wǒ yìtiān dōu méi xiūxi.

① 술어 + 시량보어 + (的) + 목적어(일반명사)
술어 + 목적어(일반명사) + 술어 + 시량보어

목적어가 일반명사일 경우 술어와 목적어 사이에 시량보어를 놓거나, 목적어
뒤에 술어를 중복해준 후 시량보어를 놓습니다.

> 예 我听了半个小时（的）音乐。 나는 30분 동안 음악을 들었어.
> Wǒ tīng le bàn ge xiǎoshí (de) yīnyuè.
>
> = 我听音乐听了半个小时。
> Wǒ tīng yīnyuè tīng le bàn ge xiǎoshí.

② 술어 + 목적어(인명 · 지명 · 대명사) + 시량보어

목적어가 인명·지명·대명사일 경우 일반적으로 시량보어 앞에 위치합니다.

> 예 他们来中国一个多月了。 그들은 중국에 온 지 한 달이 넘었어.
> Tāmen lái Zhōngguó yí ge duō yuè le.
>
> 老师教了我们三年了。 선생님께서는 우리를 3년 동안 가르치고 계셔.
> Lǎoshī jiāo le wǒmen sān nián le.

듣기 연습하기

듣기 스크립트 p.179

TRACK 03-6

1 녹음을 듣고 일치하는 그림을 고르세요.

①

②

2 녹음을 듣고 제시된 문장의 옳고 그름을 표시하세요.

① 今年开幕式会有无人机表演。
　 Jīnnián kāimùshì huì yǒu wúrénjī biǎoyǎn.

② 他从小就喜欢各种夏季运动。
　 Tā cóngxiǎo jiù xǐhuan gè zhǒng xiàjì yùndòng.

③ 冰壶是亚洲国家的强项。
　 Bīnghú shì Yàzhōu guójiā de qiángxiàng.

패턴 연습하기

 1 '就要~了'를 사용하여 다음 문장을 완성하고 대화해보세요.

1 A _____

새로운 한 해가 곧 시작해.

B 咱们许愿吧!
Zánmen xǔ yuàn ba!

2 A 时间过得好快，_____

Shíjiān guò de hǎo kuài, 　　　　　　　휴가가 곧 끝나.

B 是啊，不想去上班。
Shì a, bù xiǎng qù shàng bān.

2 '对~感(没有)兴趣'를 사용하여 다음 문장을 완성하고 대화해보세요.

1 A 听说今年开幕式会有无人机表演。
Tīngshuō jīnnián kāimùshì huì yǒu wúrénjī biǎoyǎn.

B _____，我主要是看比赛。

나는 개막식에 관심 없어, 　　wǒ zhǔyào shì kàn bǐsài.

2 A _____，怎么办?

나는 어떠한 일에도 다 흥미가 없어, 　　zěnme bàn?

B 你最好去看心理医生。
Nǐ zuìhǎo qù kàn xīnlǐ yīshēng.

3 '从小就~'를 사용하여 다음 문장을 완성하고 대화해보세요.

1 A _____

나는 어릴 때부터 각종 빙상 스포츠를 좋아했어.

B 我也是。

Wǒ yě shì.

2 A 你妹妹喜欢猫吗?

Nǐ mèimei xǐhuan māo ma?

B _____

내 여동생은 어릴 때부터 고양이를 무서워했어.

 4 '시량보어'를 사용하여 다음 문장을 완성하고 대화해보세요.

1 A 你学过冰上运动吗?

Nǐ xué guo bīngshàng yùndòng ma?

B 学过。_____, 还学过冰壶。

Xué guo.　　나는 스피드 스케이팅을 2년 배웠고,　　hái xué guo bīnghú.

2 A 他们来中国多久了?

Tāmen lái Zhōngguó duō jiǔ le?

B _____

그들은 중국에 온 지 한 달이 넘었어.

🔍 **단어**

许愿 xǔ yuàn 통 소원을 빌다 | 心理医生 xīnlǐ yīshēng 정신과 의사

생각 표현하기

모범 답안 p.172

 다음 그림과 주어진 어휘를 참고하여 이야기를 만들어보세요.

骑自行车 qí zìxíngchē
자전거를 타다

公园 gōngyuán
명 공원

天黑了 tiān hēi le
날이 어두워졌다

零食 língshí
명 간식

_____

....

....

....

....

....

....

_____

쓰기 연습하기

주어진 어휘를 어순에 맞게 배열하세요.

1
肯定　　　 场面　　　 壮观　　　 很
kěndìng　　 chǎngmiàn　 zhuàngguān　 hěn

➡ _____

틀림없이 장면이 웅장할 거야.

2
欧洲国家　　　 是　　　 的　　　 冰壶　　　 强项
Ōuzhōu guójiā　 shì　　 de　　 bīnghú　　 qiángxiàng

➡ _____

컬링은 유럽 국가의 우세 종목이야.

3
听了　　　 的　　　 半个小时　　　 我　　　 音乐
tīng le　　 de　　 bàn ge xiǎoshí　 wǒ　　 yīnyuè

➡ _____

나는 30분 동안 음악을 들었어.

4
我们　　　 了　　　 老师　　　 三年了　　　 教
wǒmen　　 le　　 lǎoshī　　 sān nián le　　 jiāo

➡ _____

선생님께서는 우리를 3년 동안 가르치고 계셔.

번역 해보기

 1 다음 중국어 문장을 한국어로 번역하세요.

1 我喜欢的选手会参加这次奥运会。
Wǒ xǐhuan de xuǎnshǒu huì cānjiā zhè cì Àoyùnhuì.

➡ _____

2 奥运会上有这个项目吗?
Àoyùnhuì shang yǒu zhè ge xiàngmù ma?

➡ _____

3 希望这次能有亚洲国家拿到金牌。
Xīwàng zhè cì néng yǒu Yàzhōu guójiā ná dào jīnpái.

➡ _____

2 다음 한국어 문장을 중국어로 번역하세요.

1 며칠 후면 동계 올림픽이 곧 개막해.

➡ _____

2 최근 몇 년간 아시아 컬링팀 성적도 좋아.

➡ _____

3 나는 하루도 쉬지 않았어.

➡ _____

단어 PLUS

TRACK 03-7

 스포츠 경기와 관련된 단어를 익혀보세요.

奥林匹克运动会
Àolínpǐkè yùndònghuì
올림픽

世界杯 Shìjièbēi
월드컵

淘汰赛 táotàisài
토너먼트

决赛 juésài
결승전

冠军 guànjūn
우승

亚军 yàjūn
준우승

运动员 yùndòngyuán
운동선수

主教练 zhǔ jiàoliàn
감독

裁判 cáipàn
심판

04

校外教育
xiào wài jiàoyù

사교육

학습 포인트

- **회화**   사교육
- **단문**   중국의 수능
- **어법**   가능보어

	提	tí	동 말을 꺼내다, 제시하다
☐	提	tí	동 말을 꺼내다, 제시하다
☐	补习班	bǔxíbān	명 학원
☐	才	cái	부 겨우, 고작
☐	拼	pīn	동 필사적으로 하다, 어떠한 것도 돌보지 않다
☐	初中生	chūzhōngshēng	명 중학생
☐	邻居	línjū	명 이웃
☐	报	bào	동 등록하다, 신청하다
☐	并	bìng	부 결코, 전혀　접 또한, 그리고
☐	自愿	zìyuàn	동 스스로 원하다
☐	逼	bī	동 강요하다, 핍박하다
☐	社会	shèhuì	명 사회
☐	竞争	jìngzhēng	동 경쟁하다
☐	激烈	jīliè	형 치열하다, 격렬하다
☐	家长	jiāzhǎng	명 학부모, 가장, 보호자
☐	输	shū	동 지다, 패하다
☐	起跑线	qǐpǎoxiàn	명 출발선
☐	人生	rénshēng	명 인생
☐	失败	shībài	동 실패하다
☐	文凭	wénpíng	명 졸업장
☐	学历	xuélì	명 학력
☐	成功	chénggōng	동 성공하다
☐	人士	rénshì	명 인사(사회적으로 영향력이 있는 사람)
☐	毕业	bì yè	동 졸업하다
☐	就算	jiùsuàn	접 설령 ~하더라도
☐	热爱	rè'ài	동 열렬히 사랑하다
☐	事业	shìyè	명 일, 사업
☐	选择	xuǎnzé	동 선택하다
☐	空间	kōngjiān	명 여지, 공간

1

你怎么起得这么早? 너 왜 이렇게 일찍 일어났어?
Nǐ zěnme qǐ de zhème zǎo?

来 오다
lái

跑 달리다
pǎo

晚 늦다
wǎn

慢 느리다
màn

2

你才上高一就这么拼啦! 너 겨우 고1인데 이렇게 필사적이라니!
Nǐ cái shàng gāo yī jiù zhème pīn la!

他
tā
그

谈恋爱
tán liàn'ài
연애하다

20岁
èrshí suì
스무 살

一个多月
yí ge duō yuè
한 달 남짓

这么成熟了
zhème chéngshú le
이렇게 성숙하다

分手了
fēn shǒu le
헤어졌다

3

很多孩子去补习班并不是自愿的。
Hěn duō háizi qù bǔxíbān bìng bú shì zìyuàn de.

많은 아이들이 학원에 가는 게 결코 스스로 원한 것이 아니야.

最好的 가장 좋은 것
zuì hǎo de

金钱 돈
jīnqián

最合适的 가장 알맞은 것
zuì héshì de

人生的全部 인생의 전부
rénshēng de quánbù

회화

본문 해석 p.182　TRACK 04-3

刘佳琪　佳洋，你不是放假了吗？怎么起得这么早？
Jiāyáng, nǐ bú shì fàng jià le ma? Zěnme qǐ de zhème zǎo?

刘佳洋　别提了，放假比上学还忙呢！我今天得去三个补习班。
Bié tí le, fàng jià bǐ shàng xué hái máng ne! Wǒ jīntiān děi qù sān ge bǔxíbān.

刘佳琪　你才上高一就这么拼啦！
Nǐ cái shàng gāo yī jiù zhème pīn la!

刘佳洋　这算什么！我们补习班还有很多初中生呢！
Zhè suàn shénme! Wǒmen bǔxíbān hái yǒu hěn duō chūzhōngshēng ne!

刘佳琪　也是。邻居家的小孩儿才上小学，就已经报了各种补习班。
Yě shì. Línjū jiā de xiǎoháir cái shàng xiǎoxué, jiù yǐjīng bào le gè zhǒng bǔxíbān.

刘佳洋　其实很多孩子去补习班并不是自愿的，都是父母逼的。
Qíshí hěn duō háizi qù bǔxíbān bìng bú shì zìyuàn de, dōu shì fùmǔ bī de.

刘佳琪　因为社会竞争太激烈，
Yīnwèi shèhuì jìngzhēng tài jīliè,

家长不希望孩子输在起跑线上。
jiāzhǎng bù xīwàng háizi shū zài qǐpǎoxiàn shang.

> **TIP!**
> '输在起跑线上'은 '출발선에 서부터 뒤처지다'라는 의미로 주로 '不要', '不想', '不能' 등과 같이 쓰여요.

刘佳洋　姐，你说如果考不上大学的话，
Jiě, nǐ shuō rúguǒ kǎo bu shàng dàxué de huà,

人生就是失败的吗？
rénshēng jiù shì shībài de ma?

> **TIP!**
> '拿得出手'는 가능보어의 긍정형으로, 주로 '내세울 만하다'는 의미로 쓰이고, 부정형인 '拿不出手'는 '(부끄러워서) 내놓지 못하다'는 의미로 쓰여요.

刘佳琪　那也不一定。
Nà yě bù yídìng.

不过有大学文凭，以后找工作时更拿得出手。
Búguò yǒu dàxué wénpíng, yǐhòu zhǎo gōngzuò shí gèng ná de chū shǒu.

刘佳洋 可是我觉得学历不是最重要的，
Kěshì wǒ juéde xuélì bú shì zuì zhòngyào de,

很多成功人士大学都没毕业。
hěn duō chénggōng rénshì dàxué dōu méi bì yè.

刘佳琪 对。就算学历不高，但是能做自己热爱的事业，
Duì. Jiùsuàn xuélì bù gāo, dànshì néng zuò zìjǐ rè'ài de shìyè,

也是成功的人生。
yě shì chénggōng de rénshēng.

刘佳洋 所以父母不该逼孩子学他们不感兴趣的东西，
Suǒyǐ fùmǔ bù gāi bī háizi xué tāmen bù gǎn xìngqù de dōngxi,

应该给他们选择的空间。
yīnggāi gěi tāmen xuǎnzé de kōngjiān.

표현
TIP!

'就算 A, 也 B'는 '설령 A 하더라도 B 하다'라는 의미로 가정 관계를 나타내는 고정 형식이에요. '就算'은 '即使 jíshǐ'이나 '即便 jíbiàn'으로 바꾸어 쓸 수도 있는데, 회화에서는 주로 '就算'을 사용해요.

예 就算下雨，运动会也会照常进行。
Jiùsuàn xià yǔ, yùndònghuì yě huì zhàocháng jìnxíng.
설령 비가 온다고 하더라도, 운동회는 평소와 같이 진행될 거야.

단문 단어

☐	指	zhǐ	통 의미하다, 뜻하다
☐	入学	rù xué	통 입학하다
☐	月份	yuèfèn	명 월(어느 한 달을 가리킴)
☐	语文	yǔwén	명 어문(어학과 문학), 국어
☐	数学	shùxué	명 수학
☐	英语	Yīngyǔ	고유 영어
☐	文科	wénkē	명 문과
☐	理科	lǐkē	명 이과
☐	共同	gòngtóng	형 공통의, 공동의
☐	科目	kēmù	명 과목
☐	决定	juédìng	통 결정하다
☐	考生	kǎoshēng	명 수험생, 응시자
☐	所	suǒ	양 학교, 집, 병원 등을 세는 단위
☐	就业	jiù yè	통 취업하다
☐	将近	jiāngjìn	부 (시간·수량 등이) ~에 가깝다, 근접하다
☐	中小学生	zhōng xiǎo xuéshēng	초·중학생
☐	使用	shǐyòng	통 사용하다
☐	相同	xiāngtóng	형 똑같다, 서로 같다
☐	考卷	kǎojuàn	명 시험지
☐	省份	shěngfèn	명 성(고유 명사와 함께 쓰지 않음)
☐	单独	dāndú	부 단독으로, 독자적으로
☐	录取	lùqǔ	통 뽑다, 합격시키다, 채용하다
☐	分数线	fēnshùxiàn	명 커트라인, 합격선
☐	差异	chāyì	명 차이

中国的高考
Zhōngguó de gāokǎo

高考是指中国的大学入学考试。每年6月份的7号和8号
Gāokǎo shì zhǐ Zhōngguó de dàxué rù xué kǎoshì. Měi nián liù yuèfèn de qī hào hé bā hào

是中国的高考日。语文、数学、英语是文科和理科共同的考试
shì Zhōngguó de gāokǎorì. Yǔwén、shùxué、Yīngyǔ shì wénkē hé lǐkē gòngtóng de kǎoshì

科目。
kēmù.

高考成绩决定了考生能去哪所大学，并影响就业，
Gāokǎo chéngjì juédìng le kǎoshēng néng qù nǎ suǒ dàxué, bìng yǐngxiǎng jiù yè,

因此中国将近一半的中小学生会上补习班。比较特别的是，
yīncǐ Zhōngguó jiāngjìn yíbàn de zhōng xiǎo xuéshēng huì shàng bǔxíbān. Bǐjiào tèbié de shì,

中国的高考并不是全国使用相同的考卷，有些省份
Zhōngguó de gāokǎo bìng bú shì quán guó shǐyòng xiāngtóng de kǎojuàn, yǒuxiē shěngfèn

会单独出题。而且，各所大学录取考生时，在每个省份的录取
huì dāndú chū tí. Érqiě, gè suǒ dàxué lùqǔ kǎoshēng shí, zài měi ge shěngfèn de lùqǔ

分数线也有差异。
fēnshùxiàn yě yǒu chāyì.

◎ 옳고 그름 판단하기 ☒

1 语文、数学、英语是文科和理科共同的考试科目。
   Yǔwén、shùxué、Yīngyǔ shì wénkē hé lǐkē gòngtóng de kǎoshì kēmù.   ☐

2 中国的高考是全国使用相同的考卷。
   Zhōngguó de gāokǎo shì quán guó shǐyòng xiāngtóng de kǎojuàn.   ☐

어법 익히기

 가능보어

술어 뒤에서 동작의 실현 가능이나 불가능을 나타내는 보어를 '가능보어'라고 합니다.

1 **술어 + 得/不 + 가능보어** ——————————— **기본 문형**

가능보어의 긍정문에는 구조조사 '得'를, 부정문에는 부정부사 '不'를 써서 나타냅니다. 가능보어는 부정 형식으로 쓰이는 경우가 많습니다.

예 我听得懂他的话。 ↔ 我听不懂他的话。
Wǒ tīng de dǒng tā de huà. Wǒ tīng bu dǒng tā de huà.
나는 그의 말을 알아들을 수 있어. 나는 그의 말을 알아듣지 못해.

爸爸今天回得来。 ↔ 爸爸今天回不来。
Bàba jīntiān huí de lái. Bàba jīntiān huí bu lái.
아빠는 오늘 돌아올 수 있어. 아빠는 오늘 돌아오지 못해.

2 **술어 + 得/不 + 가능보어 + 목적어** ———————————

목적어는 가능보어 뒤에 위치합니다.

예 现在买得到火车票吗?
Xiànzài mǎi de dào huǒchē piào ma?
지금 기차표를 살 수 있어?

我突然想不起来他的名字。
Wǒ tūrán xiǎng bu qǐlai tā de míngzi.
나는 갑자기 그의 이름이 생각나지 않아.

술어 + 得/不 + 了

술어 뒤에 '得了'나 '不了'를 써서 동작의 실현이나 완료의 가능 여부를 나타냅니다.

예 她的腿好了，走得了路。
Tā de tuǐ hǎo le, zǒu de liǎo lù.
그녀는 다리가 나아서 걸을 수 있어.

↔ 她的腿受伤了，走不了路。
Tā de tuǐ shòu shāng le, zǒu bu liǎo lù.
그녀는 다리를 다쳐서 걷지 못해.

这些菜我一个人吃得了。
Zhèxiē cài wǒ yí ge rén chī de liǎo.
이 음식들은 나 혼자 다 먹을 수 있어.

↔ 这些菜我一个人吃不了。
Zhèxiē cài wǒ yí ge rén chī bu liǎo.
이 음식들은 나 혼자 다 먹지 못해.

듣기 연습하기

듣기 스크립트 p.179

TRACK 04-6

1 녹음을 듣고 일치하는 그림을 고르세요.

2 녹음을 듣고 제시된 문장의 옳고 그름을 표시하세요.

1. 很多孩子去补习班都是自愿的。
   Hěn duō háizi qù bǔxíbān dōu shì zìyuàn de.

2. 大学文凭有利于就业。
   Dàxué wénpíng yǒulì yú jiù yè.

3. 只有学历高，才是成功的人生。
   Zhǐyǒu xuélì gāo, cái shì chénggōng de rénshēng.

패턴 연습하기

1 '怎么~这么~'를 사용하여 다음 문장을 완성하고 대화해보세요.

1 A _____

너 왜 이렇게 일찍 일어났어?

B 我今天得去三个补习班。
Wǒ jīntiān děi qù sān ge bǔxíbān.

2 A _____

너 왜 이렇게 늦게 왔어?

B 不好意思，我在来的路上碰见了我的老同学。
Bù hǎoyìsi, wǒ zài lái de lùshang pèng jiàn le wǒ de lǎo tóngxué.

2 '才~就~'를 사용하여 다음 문장을 완성하고 대화해보세요.

1 A _____

너 겨우 고1인데 이렇게 필사적이라니!

B 这算什么! 我们补习班还有很多初中生呢!
Zhè suàn shénme! Wǒmen bǔxíbān hái yǒu hěn duō chūzhōngshēng ne!

2 A 你最近怎么样?
Nǐ zuìjìn zěnmeyàng?

B 不怎么样，_____
Bù zěnmeyàng,　　　연애한 지 고작 한 달 좀 넘었는데 헤어졌어.

3 '并不是'를 사용하여 다음 문장을 완성하고 대화해보세요.

1 A _____ ,

많은 아이들이 학원에 가는 게 결코 스스로 원한 것이 아니야,

都是父母逼的。

dōu shì fùmǔ bī de.

B 因为家长不希望孩子输在起跑线上。

Yīnwèi jiāzhǎng bù xīwàng háizi shū zài qǐpǎoxiàn shang.

2 A 我觉得_____

Wǒ juéde   돈이 결코 인생의 전부는 아니야.

B 我也是这么认为的。

Wǒ yě shì zhème rènwéi de.

 4 '가능보어'를 사용하여 다음 문장을 완성하고 읽어보세요.

1 _____ , 我该怎么办?

만약 대학에 합격하지 못한다면,   wǒ gāi zěnme bàn?

2 有大学文凭，以后_____

Yǒu dàxué wénpíng, yǐhòu   일자리를 구할 때 더 내세울 만해.

3 这些菜_____

Zhèxiē cài   나 혼자 다 먹지 못해.

 단어

碰见 pèng jiàn 통 우연히 만나다, 마주치다 | 不怎么样 bù zěnmeyàng 별로다

생각 표현하기

모범 답안 p.172

 다음 그림과 주어진 단어를 참고하여 이야기를 만들어보세요.

高三 gāo sān 고3

补习班 bǔxíbān 몡 학원

凌晨 língchén 몡 새벽

读书室 dúshūshì 몡 독서실

_____

....

....

....

....

....

....

_____

쓰기 연습하기

주어진 어휘를 어순에 맞게 배열하세요.

1 各种   我   补习班   报了   已经
       gè zhǒng   wǒ   bǔxíbān   bào le   yǐjīng

   ➡ _____

   나는 벌써 각종 학원에 등록했어.

2 激烈   社会   了   太   竞争
       jīliè   shèhuì   le   tài   jìngzhēng

   ➡ _____

   사회 경쟁이 너무 치열해.

3 火车票   现在   买得到   吗
       huǒchē piào   xiànzài   mǎi de dào   ma

   ➡ _____

   지금 기차표를 살 수 있어?

4 我   起来   不   他的名字   想   突然
       wǒ   qǐlai   bù   tā de míngzi   xiǎng   tūrán

   ➡ _____

   나는 갑자기 그의 이름이 생각나지 않아.

번역 해보기

1 다음 중국어 문장을 한국어로 번역하세요.

① 放假比上学还忙呢!
Fàng jià bǐ shàng xué hái máng ne!

➡ _____

② 家长不希望孩子输在起跑线上。
Jiāzhǎng bù xīwàng háizi shū zài qǐpǎoxiàn shang.

➡ _____

③ 父母不该逼孩子学他们不感兴趣的东西。
Fùmǔ bù gāi bī háizi xué tāmen bù gǎn xìngqù de dōngxi.

➡ _____

2 다음 한국어 문장을 중국어로 번역하세요.

① 설령 학력이 높지 않더라도 자신이 좋아하는 일을 할 수 있다면 그 역시 성공한 인생이야.

➡ _____

② 부모님은 그들에게 선택의 여지를 줘야 해.

➡ _____

③ 나는 그의 말을 알아듣지 못해.

➡ _____

과목과 관련된 단어를 익혀보세요.

语文 yǔwén
국어

历史 lìshǐ
역사

政治 zhèngzhì
정치

体育 tǐyù
체육

美术 měishù
미술

音乐 yīnyuè
음악

哲学 zhéxué
철학

地理 dìlǐ
지리

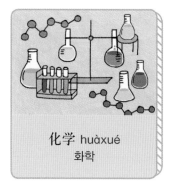

化学 huàxué
화학

05

大学生就业
dàxuéshēng jiù yè

대학생의 취업

학습 포인트

- **회화** 취업난 | 이력서 | 면접 | 대학원 진학

- **단문** 대학생의 취업 현황

- **어법** 비교문

단어

☐	瘦	shòu	혱 마르다, 야위다
☐	顺利	shùnlì	혱 순조롭다
☐	胃口	wèikǒu	몡 입맛, 식욕
☐	投	tóu	동 넣다, 지원하다
☐	简历	jiǎnlì	몡 이력서
☐	消息	xiāoxi	몡 소식
☐	灰心	huī xīn	혱 낙담하다, 낙심하다
☐	份	fèn	양 통, 부, 권 (신문·잡지·문서 등을 세는 단위)
☐	才	cái	뷔 비로소, ~에야
☐	面试	miànshì	동 면접을 보다
☐	机会	jīhuì	몡 기회
☐	实习生	shíxíshēng	몡 인턴, 실습생
☐	岗位	gǎngwèi	몡 직무
☐	应该	yīnggāi	조동 (확신에 가까운 의미로) 아마 ~일 것이다
☐	员工	yuángōng	몡 직원, 사원, 노동자
☐	办法	bànfǎ	몡 방법
☐	转正	zhuǎn zhèng	동 정직원으로 전환되다
☐	实习	shíxí	동 수습하다, 실습하다
☐	考核	kǎohé	동 평가하다, 심사하다
☐	通过	tōngguò	동 통과하다
☐	压力	yālì	몡 스트레스
☐	着急	zháo jí	혱 조급하다
☐	专心	zhuānxīn	혱 전념하다, 몰두하다
☐	考研	kǎo yán	동 대학원에 응시(진학)하다
☐	专业	zhuānyè	몡 전공
☐	本科	běnkē	몡 (대학교의) 학부, 본과
☐	教书	jiāo shū	동 가르치다
☐	必须	bìxū	뷔 반드시 ~해야 한다
☐	稳定	wěndìng	혱 안정적이다
☐	加油	jiā yóu	동 힘을 내다, 기운 내다, 파이팅

1 一点儿消息都没有。 소식이 하나도 없어.
Yìdiǎnr xiāoxi dōu méiyǒu.

> 信心 자신(감)
> xìnxīn
>
> 魅力 매력
> mèilì

2 听说很多人投了几十份简历后，才得到面试的机会呢！
Tīngshuō hěn duō rén tóu le jǐ shí fèn jiǎnlì hòu, cái dé dào miànshì de jīhuì ne!

듣자 하니 많은 사람들이 몇 십 통의 이력서를 넣은 후에야 비로소 면접 기회를 얻는대!

> 打了好几次电话
> Dǎ le hǎojǐ cì diànhuà
> 여러 번 전화를 걸었다
>
> 在商场逛了一整天
> Zài shāngchǎng guàng le yìzhěngtiān
> 쇼핑 센터를 하루 종일 돌아다녔다

> 打通
> dǎ tōng
> 전화 연결이 됐다
>
> 买到喜欢的鞋子
> mǎi dào xǐhuan de xiézi
> 마음에 드는 신발을 샀다

3 我想投一投实习生岗位。 나는 인턴 직무에 지원해보고 싶어.
Wǒ xiǎng tóu yi tóu shíxíshēng gǎngwèi.

> 试一试 입어보다
> shì yi shì
>
> 看一看 한번 보다
> kàn yi kàn

> 这件衣服 이 옷
> zhè jiàn yīfu
>
> 那里的风景 그곳의 경치
> nàli de fēngjǐng

회화

본문 해석 p.183

TRACK 05-3

刘佳琪 高飞，你怎么比以前瘦了那么多？在减肥吗？
Gāo Fēi, nǐ zěnme bǐ yǐqián shòu le nàme duō? Zài jiǎn féi ma?

高飞 不是，我工作找得不太顺利，没有胃口。
Bú shì, wǒ gōngzuò zhǎo de bú tài shùnlì, méiyǒu wèikǒu.

投出去的简历一点儿消息都没有。
Tóu chūqu de jiǎnlì yìdiǎnr xiāoxi dōu méiyǒu.

> **TIP!**
> '一点儿~都没有'는
> '하나도(조금도) ~없다'
> 라는 의미예요.

刘佳琪 别灰心，再等等。
Bié huī xīn, zài děngdeng.

听说很多人投了几十份简历后，才得到面试的机会呢！
Tīngshuō hěn duō rén tóu le jǐ shí fèn jiǎnlì hòu, cái dé dào miànshì de jīhuì ne!

高飞 嗯，我想投一投实习生岗位，
Èn, wǒ xiǎng tóu yi tóu shíxíshēng gǎngwèi,

应该比正式员工容易一些。
yīnggāi bǐ zhèngshì yuángōng róngyì yìxiē.

刘佳琪 也是个办法。实习生以后也能转正吧？
Yě shì ge bànfǎ. Shíxíshēng yǐhòu yě néng zhuǎn zhèng ba?

高飞 一般实习一年后会考核，通过的话，就能转正。
Yìbān shíxí yì nián hòu huì kǎohé, tōngguò de huà, jiù néng zhuǎn zhèng.

刘佳琪 别给自己太大压力，找工作不能着急。
Bié gěi zìjǐ tài dà yālì, zhǎo gōngzuò bù néng zháo jí.

高飞 知道了。你呢？真的不打算找工作了吗？
Zhīdao le. Nǐ ne? Zhēn de bù dǎsuan zhǎo gōngzuò le ma?

刘佳琪　嗯，我打算专心考研。
Èn, wǒ dǎsuan zhuānxīn kǎo yán.

高飞　你的专业本科学历确实不太好找工作。
Nǐ de zhuānyè běnkē xuélì quèshí bú tài hǎo zhǎo gōngzuò.

刘佳琪　是啊，而且我以后想留在大学里教书，必须得考研。
Shì a, érqiě wǒ yǐhòu xiǎng liú zài dàxué li jiāo shū, bìxū děi kǎo yán.

高飞　大学老师的工作挺稳定的。我们一起加油吧！
Dàxué lǎoshī de gōngzuò tǐng wěndìng de. Wǒmen yìqǐ jiā yóu ba!

부사 '才'는 수량사와 함께 쓰일 경우, 위치에 따라 그 의미가 달라져요.

1. 才 + 시간/나이/수량 → 겨우, 고작

예　我儿子才五岁，但已经认识不少字了。
Wǒ érzi cái wǔ suì, dàn yǐjīng rènshi bù shǎo zì le.
내 아들은 겨우 5살인데, 벌써 아는 글자가 적지 않아.

2. 시간/나이/수량 + 才 → 비로소, ～에야

예　都十二点了，她才睡觉。
Dōu shí'èr diǎn le, tā cái shuì jiào.
12시가 되어서야 그녀는 비로소 잠을 자.

☐ 现状	xiànzhuàng	몡 현황
☐ 普遍	pǔbiàn	톙 보편적이다
☐ 关注	guānzhù	동 중시하다, 관심을 가지다
☐ 毕业生	bìyèshēng	몡 졸업생
☐ 开玩笑	kāi wánxiào	농담하다, 놀리다
☐ 一～就～	yī~jiù~	~하자마자 ~하다
☐ 面临	miànlín	동 직면하다, 당면하다
☐ 失业	shī yè	동 실업하다, 일자리를 찾지 못하다, 직업을 잃다
☐ 待业	dàiyè	동 취업을 준비하다
☐ 青年	qīngnián	몡 청년
☐ 越来越～	yuèláiyuè~	점점 ~하다
☐ 年轻	niánqīng	톙 젊다
☐ 啃老	kěn lǎo	부모에게 경제적으로 기대어 살다
☐ 暂时	zànshí	몡 잠시, 잠깐
☐ 此外	cǐwài	젭 이 밖에, 그 외에
☐ 受	shòu	동 받다
☐ 马云	Mǎ Yún	고유 마윈('알리바바' 창업자)
☐ 马化腾	Mǎ Huàténg	고유 마화텅('텐센트' 창업자)
☐ 等	děng	조 등, 따위(열거한 내용 외에도 같은 종류의 것이 더 있음을 나타냄)
☐ 著名	zhùmíng	톙 저명하다, 유명하다
☐ 企业家	qǐyèjiā	몡 기업가
☐ 梦想	mèngxiǎng	동 갈망하다, 간절히 바라다
☐ 创业	chuàngyè	동 창업하다

大学生就业现状
dàxuéshēng jiù yè xiànzhuàng

如今就业一年比一年难，大学生的就业问题已经成为了人们
Rújīn jiù yè yì nián bǐ yì nián nán, dàxuéshēng de jiù yè wèntí yǐjīng chéngwéi le rénmen

普遍关注的社会问题。很多毕业生开玩笑说，一毕业就面临
pǔbiàn guānzhù de shèhuì wèntí. Hěn duō bìyèshēng kāi wánxiào shuō, yí bì yè jiù miànlín

失业。
shī yè.

找工作不容易，找好工作更难。社会上待业青年
Zhǎo gōngzuò bù róngyì, zhǎo hǎo gōngzuò gèng nán. Shèhuì shang dàiyè qīngnián

越来越多，许多年轻人只能在家啃老。因此，选择暂时不就业，
yuèláiyuè duō, xǔduō niánqīngrén zhǐ néng zài jiā kěn lǎo. Yīncǐ, xuǎnzé zànshí bú jiù yè,

继续考研的学生越来越多。
jìxù kǎo yán de xuésheng yuèláiyuè duō.

此外，受马云、马化腾等著名企业家的影响，不少青年
Cǐwài, shòu Mǎ Yún、Mǎ Huàténg děng zhùmíng qǐyèjiā de yǐngxiǎng, bù shǎo qīngnián

梦想着自己去创业。
mèngxiǎng zhe zìjǐ qù chuàngyè.

옳고 그름 판단하기 ✕

1 继续考研的学生不多。
Jìxù kǎo yán de xuésheng bù duō.

2 受著名企业家的影响，
Shòu zhùmíng qǐyèjiā de yǐngxiǎng,

不少青年梦想着自己去创业。
bù shǎo qīngnián mèngxiǎng zhe zìjǐ qù chuàngyè.

어법 익히기

 비교문

사람이나 사물의 같고 다름을 비교하거나 성질, 상태, 정도의 높고 낮음을 비교하는 문장을 '비교문'이라고 합니다.

 '比' 비교문

① 比 + 비교 대상 + (부사어) + 술어 ——————— 기본 문형

> 예 这里的风景比那里美。 이곳의 풍경이 저곳보다 아름다워.
> Zhèli de fēngjǐng bǐ nàli měi.
>
> 我的个子比他(更)高。 나의 키는 그보다 (더) 커.
> Wǒ de gèzi bǐ tā (gèng) gāo.

> ☼ '还, 更, 更加, 稍微' 등과 같은 부사는 비교의 정도를 강조하는 역할을 합니다. 단, '十分, 非常, 特別' 등과 같은 정도부사는 비교문에 사용할 수 없습니다.

> 예 我的个子比他非常高。(X)
> Wǒ de gèzi bǐ tā fēicháng gāo.

② 比 + 비교 대상 + 술어 + 보어/수량사/一点儿, 一些 ——————

술어 뒤에 '得多'나 '多了' 같은 보어가 올 경우, '훨씬 ~하다'는 의미로 비교 정도의 차이가 많음을 나타냅니다.

> 예 哈尔滨比上海冷得多。 하얼빈이 상하이보다 훨씬 추워.
> Hā'ěrbīn bǐ Shànghǎi lěng de duō.

비교의 수치를 정확하게 나타낼 때는 수량사를 사용합니다.

> 예 今年的销量比去年增加了两倍。 올해 판매량은 작년보다 두 배 증가했어.
> Jīnnián de xiāoliàng bǐ qùnián zēngjiā le liǎng bèi.

비교 정도의 차이가 적음을 나타낼 때는 술어 뒤에 '一点儿'이나 '一些'를 씁니다.

> 예 这件衣服比那件贵一些。 이 옷이 저 옷보다 조금 비싸.
> Zhè jiàn yīfu bǐ nà jiàn guì yìxiē.

2 '有' 비교문

有/没有 + 비교 대상 + (这么/那么) + 술어 ——— 기본 문형

'주어는 비교 대상만큼 ~하다/하지 않다'는 의미입니다. 술어 앞 부사어 자리에는 '这么'나 '那么'가 쓰여 비교의 정도를 강조합니다.

긍정문 女儿有我妻子高了。
Nǚ'ér yǒu wǒ qīzi gāo le.
딸은 내 아내만큼 (키가) 컸어.

부정문 今天没有昨天(那么)凉快。
Jīntiān méiyǒu zuótiān (nàme) liángkuai.
오늘은 어제만큼 (그렇게) 시원하지 않아.

3 '跟/和~一样' 비교문

跟/和 + 비교 대상 + (不)一样 ——— 기본 문형

주어와 비교 대상이 같거나 다름을 나타낼 때 사용합니다.

긍정문 我的成绩跟班长(的成绩)一样。
Wǒ de chéngjì gēn bānzhǎng (de chéngjì) yíyàng.
나의 성적은 반장(의 성적)과 같아.

부정문 我的答案和他(的答案)不一样。
Wǒ de dá'àn hé tā (de dá'àn) bù yíyàng.
나의 답은 그(의 답)와 달라.

 단어

个子 gèzi 몡 키 | 稍微 shāowēi 틧 조금, 약간 | 哈尔滨 Hā'ěrbīn 고유 하얼빈 | 销量 xiāoliàng 몡 판매량 | 增加 zēngjiā 동 증가하다, 늘어나다 | 倍 bèi 양 배, 배수 | 凉快 liángkuai 혱 시원하다, 서늘하다 | 答案 dá'àn 몡 답, 답안

듣기 연습하기

듣기 스크립트 p.179

TRACK 05-6

1 녹음을 듣고 일치하는 그림을 고르세요.

1

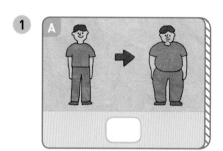

2

2 녹음을 듣고 제시된 문장의 옳고 그름을 표시하세요.

1 投了很多简历也没有消息。
Tóu le hěn duō jiǎnlì yě méiyǒu xiāoxi.

2 他想投一投正式员工岗位。
Tā xiǎng tóu yi tóu zhèngshì yuángōng gǎngwèi.

3 她以后想当大学老师。
Tā yǐhòu xiǎng dāng dàxué lǎoshī.

패턴 연습하기

 1 '一点儿~都没有'를 사용하여 다음 문장을 완성하고 대화해보세요.

1 A 你工作找得怎么样?

　　 Nǐ gōngzuò zhǎo de zěnmeyàng?

B 投出去的简历_____

　　 Tóu chūqu de jiǎnlì　　　　　　소식이 하나도 없어.

2 A 你对这份工作有信心吗?

　　 Nǐ duì zhè fèn gōngzuò yǒu xìnxīn ma?

B _____

　　 나는 자신이 하나도 없어.

 2 '才'를 사용하여 다음 문장을 완성하고 대화해보세요.

1 A 你跟女儿联系上了吗?

　　 Nǐ gēn nǚ'ér liánxì shàng le ma?

B 我给女儿_____

　　 Wǒ gěi nǚ'ér　　　여러 번 전화를 걸어서야 겨우 전화 연결이 됐어!

2 A _____

　　 쇼핑 센터를 하루 종일 돌아다녀서야 겨우 마음에 드는 신발을 샀어!

B 你买个东西真累。

　　 Nǐ mǎi ge dōngxi zhēn lèi.

동사 중첩 'A一A'를 사용하여 다음 문장을 완성하고 대화해보세요.

1 A _____

나는 인턴 직무에 지원해보고 싶어.

B 也是个办法。

Yě shì ge bànfǎ.

2 A _____

나는 이 옷을 입어보고 싶어.

B 试一下吧，看起来挺适合你的。

Shì yíxià ba, kàn qǐlai tǐng shìhé nǐ de.

 '비교문'을 사용하여 다음 문장을 완성하고 대화해보세요.

1 A _____

너 어째 예전보다 살이 많이 빠졌네?

B 我工作找得不太顺利，压力很大。

Wǒ gōngzuò zhǎo de bú tài shùnlì, yālì hěn dà.

2 A 比起上海，哈尔滨的天气怎么样?

Bǐ qǐ Shànghǎi, Hā'ěrbīn de tiānqì zěnmeyàng?

B _____

하얼빈이 상하이보다 훨씬 추워.

 단어

份 fèn 양 일자리를 세는 단위 | 联系 liánxì 동 연락하다

생각 표현하기

모범 답안 p.173

 다음 그림과 주어진 어휘를 참고하여 이야기를 만들어보세요.

面试 miànshì
동 면접을 보다

自我介绍 zìwǒ jièshào
자기소개

通知 tōngzhī
동 통보하다, 통지하다

紧张 jǐnzhāng
형 긴장하다

_____

....

....

....

....

....

....

_____

쓰기 연습하기

주어진 어휘를 어순에 맞게 배열하세요.

1 容易　　应该　　正式员工　　比　　一些
　　róngyì　　yīnggāi　　zhèngshì yuángōng　　bǐ　　yìxiē

➡ _____

아마 정직원보다 좀 더 수월할 거야.

2 能　　实习生　　吧　　以后也　　转正
　　néng　　shíxíshēng　　ba　　yǐhòu yě　　zhuǎn zhèng

➡ _____

인턴도 나중에 정직원으로 전환될 수 있지?

3 太大　　给　　别　　压力　　自己
　　tài dà　　gěi　　bié　　yālì　　zìjǐ

➡ _____

자신에게 너무 많은 스트레스를 주지 마.

4 那么　　今天　　昨天　　凉快　　没有
　　nàme　　jīntiān　　zuótiān　　liángkuai　　méiyǒu

➡ _____

오늘은 어제만큼 그렇게 시원하지 않아.

번역 해보기

1 다음 중국어 문장을 한국어로 번역하세요.

1 一般实习一年后会考核，通过的话，就能转正。
Yìbān shíxí yì nián hòu huì kǎohé, tōngguò de huà, jiù néng zhuǎn zhèng.

➡ _____

2 你的专业本科学历确实不太好找工作。
Nǐ de zhuānyè běnkē xuélì quèshí bú tài hǎo zhǎo gōngzuò.

➡ _____

3 今年的销量比去年增加了两倍。
Jīnnián de xiāoliàng bǐ qùnián zēngjiā le liǎng bèi.

➡ _____

2 다음 한국어 문장을 중국어로 번역하세요.

1 나는 대학원 응시에 전념할 계획이야.

➡ _____

2 대학교 선생님이라는 직업은 아주 안정적이야.

➡ _____

3 나의 키는 그보다 더 커.

➡ _____

다양한 업종을 중국어로 익혀보세요.

服务业 fúwùyè
서비스업

金融业 jīnróngyè
금융업

销售业 xiāoshòuyè
판매업

制造业 zhìzàoyè
제조업

教育业 jiàoyùyè
교육업

医疗业 yīliáoyè
의료업

广告业 guǎnggàoyè
광고업

建筑业 jiànzhùyè
건설업

IT业 IT yè
정보통신업

06

手机支付
shǒujī zhīfù

모바일 결제

단어

☐	周末	zhōumò	몡 주말
☐	烧烤	shāokǎo	동 바비큐 하다, (고기·야채 등을) 불에 굽다
☐	附近	fùjìn	몡 근처, 주변
☐	露营场	lùyíngchǎng	몡 야영장, 캠핑장
☐	提供	tígōng	동 제공하다
☐	工具	gōngjù	몡 도구, 공구
☐	俩	liǎ	준 둘, 두 사람, 두 개
☐	市场	shìchǎng	몡 시장
☐	老板	lǎobǎn	몡 사장, 주인
☐	墙	qiáng	몡 벽, 담장
☐	二维码	èrwéimǎ	몡 QR코드
☐	扫	sǎo	동 스캔하다
☐	付款	fù kuǎn	돈을 지불하다, 결제하다
☐	行	xíng	동 ~하면 된다, ~해도 좋다
☐	微信支付	Wēixìn zhīfù	고유 위챗 페이(WeChat pay)
☐	以为	yǐwéi	동 ~라고 생각하다, 여기다
☐	现金	xiànjīn	몡 현금
☐	恐怕	kǒngpà	부 아마 ~일 것이다, ~일지도 모른다
☐	叫	jiào	동 호출하다, 부르다
☐	辆	liàng	양 대(차량을 세는 단위)
☐	绑定	bǎng dìng	연동하다
☐	支付宝	Zhīfùbǎo	고유 알리페이(Alipay)
☐	自动	zìdòng	부 자동으로, 저절로
☐	结账	jié zhàng	동 계산하다

1 咱们周末去哪儿烧烤啊? 우리 주말에 어디로 가서 바비큐 해?
Zánmen zhōumò qù nǎr shāokǎo a?

你们　너희
nǐmen

员工们　직원들
yuángōngmen

约会　데이트하다
yuēhuì

爬山　등산하다
pá shān

2 我还以为得用现金呢! 나는 또 현금을 써야 하는 줄 알았네!
Wǒ hái yǐwéi děi yòng xiànjīn ne!

会迟到　지각하다
huì chídào

今天星期五　오늘은 금요일이다
jīntiān xīngqīwǔ

3 现在是下班时间，恐怕很难打到车。
Xiànzài shì xià bān shíjiān, kǒngpà hěn nán dǎ dào chē.

지금 퇴근 시간이라 아마 택시 잡기 어려울 거야.

明天下大雪
míngtiān xià dàxuě
내일 폭설이 내린다

我很久没上台唱歌了
wǒ hěn jiǔ méi shàng tái chàng gē le
나는 무대에 올라 노래한 지 오래됐다

飞机会晚点
fēijī huì wǎn diǎn
비행기가 연착될 것이다

会紧张
huì jǐnzhāng
긴장할 것이다

회화

본문 해석 p.184

TRACK 06-3

慧敏　佳琪，咱们周末去哪儿烧烤啊？
Jiāqí, zánmen zhōumò qù nǎr shāokǎo a?

刘佳琪　学校附近新开了一家露营场。那里还提供烧烤工具。
Xuéxiào fùjìn xīn kāi le yì jiā lùyíngchǎng. Nàli hái tígōng shāokǎo gōngjù.

慧敏　不错，那菜和肉什么的也提供吗？
Búcuò, nà cài hé ròu shénmede yě tígōng ma?

刘佳琪　吃的得自己带。到时候咱俩去市场买点儿吧。
Chī de děi zìjǐ dài. Dào shíhou zán liǎ qù shìchǎng mǎi diǎnr ba.

(市场)
(shìchǎng)

刘佳琪　老板，这些菜一共多少钱？
Lǎobǎn, zhèxiē cài yígòng duōshao qián?

老板　一共55块。墙上贴着二维码，
Yígòng wǔshíwǔ kuài. Qiáng shang tiē zhe èrwéimǎ,

你用微信扫二维码付款就行。
nǐ yòng Wēixìn sǎo èrwéimǎ fù kuǎn jiù xíng.

> **TIP!**
> 본래 '扫描 sǎomiáo'가 '스캔하다'라는 뜻인데, 회화에서는 주로 '扫'라고 줄여서 말해요.

> **TIP!**
> '以为'는 '~라고 생각하다, 여기다'라는 의미로 주로 생각과 사실이 같지 않을 때 써요.

慧敏　在市场也能用微信支付啊？我还以为得用现金呢！
Zài shìchǎng yě néng yòng Wēixìn zhīfù a? Wǒ hái yǐwéi děi yòng xiànjīn ne!

刘佳琪　现在谁还用现金啊。
Xiànzài shéi hái yòng xiànjīn a.

都买完了，东西太多，咱们打车回家吧。
Dōu mǎi wán le, dōngxi tài duō, zánmen dǎ chē huí jiā ba.

慧敏　不过现在是下班时间，恐怕很难打到车。
Búguò xiànzài shì xià bān shíjiān, kǒngpà hěn nán dǎ dào chē.

刘佳琪　放心吧，我刚才已经用手机APP叫了一辆车。
Fàng xīn ba, wǒ gāngcái yǐjīng yòng shǒujī APP jiào le yí liàng chē.

慧敏　我都没注意。打车也可以用微信支付吗？
Wǒ dōu méi zhù yì. Dǎ chē yě kěyǐ yòng Wēixìn zhīfù ma?

刘佳琪　当然可以。不过我的APP绑定了支付宝，
Dāngrán kěyǐ. Búguò wǒ de APP bǎng dìng le Zhīfùbǎo,

下车时会自动结账。
xià chē shí huì zìdòng jié zhàng.

부사 '恐怕'는 '아마 ～일 것이다', '～일지도 모른다'는 의미로, 주로 부정적인 상황을 예측할 때 쓰여요.

예 他是新人，恐怕做不了这份工作。
Tā shì xīnrén, kǒngpà zuò bu liǎo zhè fèn gōngzuò.
그는 신입이라 아마 이 업무를 해내지 못할 거야.

단문 단어

☐	便捷	biànjié	톙 간편하다, 편리하고 빠르다
☐	手机支付	shǒujī zhīfù	모바일 결제
☐	领域	lǐngyù	뗑 분야, 영역
☐	处于	chǔyú	똉 (어떤 지위나 위치를) 차지하다
☐	领先	lǐng xiān	똉 선두에 서다, 앞서다
☐	地位	dìwèi	뗑 지위, 위치
☐	不仅仅	bùjǐnjǐn	젭 ~뿐 아니라
☐	大型	dàxíng	톙 대형의
☐	购物	gòu wù	쇼핑하다, 물건을 사다
☐	中心	zhōngxīn	뗑 센터(주로 기관의 명칭으로 쓰임)
☐	连	lián	젼 ~조차도, ~마저도
☐	小摊	xiǎotān	뗑 노점
☐	优点	yōudiǎn	뗑 장점
☐	简化	jiǎnhuà	똉 간소화하다, 간략화하다
☐	复杂	fùzá	톙 복잡하다
☐	过程	guòchéng	뗑 과정
☐	只要	zhǐyào	젭 ~하기만 하면
☐	扫描	sǎomiáo	똉 스캔하다
☐	完成	wán chéng	똉 끝내다, 완성하다
☐	收	shōu	똉 받다
☐	假币	jiǎbì	뗑 위조지폐
☐	风险	fēngxiǎn	뗑 위험, 리스크
☐	受欢迎	shòu huānyíng	환영받다, 인기가 많다
☐	纸币	zhǐbì	뗑 지폐

便捷的手机支付
biànjié de shǒujī zhīfù

在手机支付领域，可以说中国在全世界处于领先地位。
Zài shǒujī zhīfù lǐngyù, kěyǐ shuō Zhōngguó zài quán shìjiè chǔyú lǐng xiān dìwèi.

手机支付在中国非常普遍。不仅仅是大型购物中心
Shǒujī zhīfù zài Zhōngguó fēicháng pǔbiàn. Bùjǐnjǐn shì dàxíng gòu wù zhōngxīn

和普通商店，连街边的小摊也能使用。
hé pǔtōng shāngdiàn, lián jiēbiān de xiǎotān yě néng shǐyòng.

手机支付最大的优点就是便捷。它简化了复杂的过程，只要
Shǒujī zhīfù zuì dà de yōudiǎn jiù shì biànjié. Tā jiǎnhuà le fùzá de guòchéng, zhǐyào

扫描二维码就能完成付款。除了便捷以外，商人也没有了
sǎomiáo èrwéimǎ jiù néng wán chéng fù kuǎn. Chúle biànjié yǐwài, shāngrén yě méiyǒu le

收到假币的风险，因此手机支付非常受欢迎。甚至有一些
shōu dào jiǎbì de fēngxiǎn, yīncǐ shǒujī zhīfù fēicháng shòu huānyíng. Shènzhì yǒu yìxiē

商家不希望再收纸币。
shāngjiā bù xīwàng zài shōu zhǐbì.

◉ 옳고 그름 판단하기 ☒

1 手机支付只能在大型商场使用。
Shǒujī zhīfù zhǐ néng zài dàxíng shāngchǎng shǐyòng. ☐

2 手机支付过程比较复杂。
Shǒujī zhīfù guòchéng bǐjiào fùzá. ☐

어법 익히기

 존현문

사람이나 사물이 존재하거나, 나타나고 사라지는 것을 표현하는 문장을 '존현문'이라고 합니다. 일반적으로 <u>주어 자리에 장소나 시간</u>이 오고, <u>목적어 자리에 사람이나 사물</u>이 옵니다.

 1 존재

1 장소 + 有 + 사람/사물

> 예 教室里有五个学生。 교실 안에 다섯 명의 학생이 있어.
> Jiàoshì li yǒu wǔ ge xuésheng.
>
> 院子里有很多花盆。 정원에 화분이 많이 있어.
> Yuànzi li yǒu hěn duō huāpén.

2 장소 + 동사 + 着 + 사람/사물

자주 쓰이는 동사로는 '坐, 站, 躺, 放, 挂, 摆' 등이 있습니다.

> 예 桌子上放着一瓶可乐。 책상 위에 콜라 한 병이 놓여있어.
> Zhuōzi shang fàng zhe yì píng kělè.
>
> 墙上挂着一张照片。 벽에 사진 한 장이 걸려있어.
> Qiáng shang guà zhe yì zhāng zhàopiàn.

출현·소실

1 장소/시간 + 동사 + 了 + 사람/사물

출현을 나타내는 동사로는 '来, 出现, 发生' 등이, 소실을 나타내는 동사로는 '少, 走, 丢, 死' 등이 자주 사용됩니다.

예 学校来了一位新老师。 학교에 새로운 선생님 한 분이 오셨어. 출현
Xuéxiào lái le yí wèi xīn lǎoshī.

两年前建了很多新商场。 2년 전에 새 쇼핑센터가 많이 지어졌어. 출현
Liǎng nián qián jiàn le hěn duō xīn shāngchǎng.

书架上少了几本书。 책장에 책 몇 권이 없어졌어. 소실
Shūjià shang shǎo le jǐ běn shū.

上个星期走了一个中国留学生。 지난주에 중국 유학생 한 명이 떠났어. 소실
Shàng ge xīngqī zǒu le yí ge Zhōngguó liúxuéshēng.

2 장소/시간 + 동사 + 보어 + 사람/사물

예 阳台上飞来了一只鸟。 발코니에 새 한 마리가 날아왔어. 출현
Yángtái shang fēilai le yì zhī niǎo.

电梯里跑出来一个孩子。 엘리베이터에서 한 아이가 뛰어 나왔어. 출현
Diàntī li pǎo chūlai yí ge háizi.

上个月卖出去不少新款。 지난달에 신상품이 적지 않게 팔렸어. 소실
Shàng ge yuè mài chūqu bù shǎo xīnkuǎn.

 단어

教室 jiàoshì 몡 교실 | 院子 yuànzi 몡 정원 | 花盆 huāpén 몡 화분 | 躺 tǎng 동 눕다 | 挂 guà 동 걸다 | 摆 bǎi 동 놓다, 배치하다, 진열하다 | 出现 chūxiàn 동 나타나다, 출현하다 | 发生 fāshēng 동 (원래 없던 현상이) 발생하다, 생기다 | 丢 diū 동 잃어버리다 | 建 jiàn 동 짓다, 건축하다 | 书架 shūjià 몡 책장, 책꽂이 | 阳台 yángtái 몡 발코니, 베란다 | 只 zhī 양 마리(짐승을 세는 단위) | 鸟 niǎo 몡 새 | 电梯 diàntī 몡 엘리베이터 | 新款 xīnkuǎn 몡 신상품, 새로운 모델

녹음을 듣고 일치하는 그림을 고르세요.

1

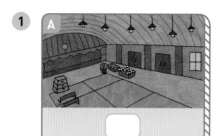

2

녹음을 듣고 제시된 문장의 옳고 그림을 표시하세요.

1 露营场不提供吃的东西。
   Lùyíngchǎng bù tígōng chī de dōngxi.

2 他们打算坐出租车回家。
   Tāmen dǎsuan zuò chūzūchē huí jiā.

3 她刚才打电话叫了一辆车。
   Tā gāngcái dǎ diànhuà jiào le yí liàng chē.

패턴 연습하기

1 '去哪儿+동사'를 사용하여 다음 문장을 완성하고 대화해보세요.

① A ＿＿＿＿＿＿＿＿＿＿＿＿＿＿＿＿＿
우리 주말에 어디로 가서 바비큐 해?

B 学校附近新开了一家露营场。
Xuéxiào fùjìn xīn kāi le yì jiā lùyíngchǎng.

② A ＿＿＿＿＿＿＿＿＿＿＿＿＿＿＿＿＿
너희는 주말에 어디로 가서 데이트해?

B 我们打算去海边游泳。
Wǒmen dǎsuan qù hǎibiān yóu yǒng.

2 '以为'를 사용하여 다음 문장을 완성하고 대화해보세요.

① A 在市场也能用微信支付啊?
Zài shìchǎng yě néng yòng Wēixìn zhīfù a?

＿＿＿＿＿＿＿＿＿＿＿＿＿＿＿＿＿
나는 또 현금을 써야 하는 줄 알았네!

B 现在谁还用现金啊。
Xiànzài shéi hái yòng xiànjīn a.

② A 你来得真及时，演出马上就要开始了。
Nǐ lái de zhēn jíshí, yǎnchū mǎshàng jiù yào kāishǐ le.

B ＿＿＿＿＿＿＿＿＿＿＿＿＿＿＿＿＿
나는 또 지각하는 줄 알았네!

'恐怕'를 사용하여 다음 문장을 완성하고 대화해보세요.

1   A   咱们打车回家吧。
　　　　Zánmen dǎ chē huí jiā ba.

　　　B   不过现在是下班时间，_____
　　　　Búguò xiànzài shì xià bān shíjiān,　　아마 택시 잡기 어려울 거야.

2   A   _____

　　　　나는 무대에 올라 노래한 지 오래돼서 아마 긴장할 거야.

　　　B   不用紧张，又不是比赛。
　　　　Bú yòng jǐnzhāng, yòu bú shì bǐsài.

 '존현문'을 사용하여 다음 문장을 완성하고 읽어보세요.

1   _____，你用微信扫二维码付款就行。
　　　벽에 QR코드가 붙여져 있으니,　nǐ yòng Wēixìn sǎo èrwéimǎ fù kuǎn jiù xíng.

2   _____，他长得很帅。
　　　학교에 새로운 선생님 한 분이 오셨어,　tā zhǎng de hěn shuài.

3   _____，现在只剩下三个人了。
　　　지난주에 중국 유학생 한 명이 떠났어,　xiànzài zhǐ shèng xià sān ge rén le.

🔍 **단어**

及时 jíshí 혭 때맞다, 시기적절하다 | 又 yòu 튐 부정문이나 반어문에 쓰여 어감을 강조함 | 剩 shèng 됭 남다, 남기다

생각 표현하기

모범 답안 p.174

 다음 그림과 주어진 어휘를 참고하여 이야기를 만들어보세요.

钱包 qiánbāo
명 지갑

消费 xiāofèi
동 소비하다

方便 fāngbiàn
형 편리하다

手机支付 shǒujī zhīfù
모바일 결제

....

....

....

....

....

....

쓰기 연습하기

 주어진 어휘를 어순에 맞게 배열하세요.

1
去市场   咱俩   吧   到时候   买点儿
qù shìchǎng   zán liǎ   ba   dào shíhou   mǎi diǎnr

➡ _____

그때 되면 우리 둘이 시장에 가서 좀 사자.

2
就行   扫二维码   你   付款   用微信
jiù xíng   sǎo èrwéimǎ   nǐ   fù kuǎn   yòng Wēixìn

➡ _____

위챗으로 QR코드를 스캔해서 돈을 지불하면 됩니다.

3
一瓶   着   桌子上   可乐   放
yì píng   zhe   zhuōzi shang   kělè   fàng

➡ _____

책상 위에 콜라 한 병이 놓여있어.

4
新商场   建   两年前   了   很多
xīn shāngchǎng   jiàn   liǎng nián qián   le   hěn duō

➡ _____

2년 전에 새 쇼핑센터가 많이 지어졌어.

번역 해보기

1 다음 중국어 문장을 한국어로 번역하세요.

1 那里还提供烧烤工具。
Nàli hái tígōng shāokǎo gōngjù.

➡ _____

2 我的APP绑定了支付宝，下车时会自动结账。
Wǒ de APP bǎng dìng le Zhīfùbǎo, xià chē shí huì zìdòng jié zhàng.

➡ _____

3 书架上少了几本书。
Shūjià shang shǎo le jǐ běn shū.

➡ _____

2 다음 한국어 문장을 중국어로 번역하세요.

1 내일 폭설이 내려서 아마 비행기가 연착될 거야.

➡ _____

2 내가 이미 방금 휴대 전화 앱으로 차 한 대 호출했어.

➡ _____

3 발코니에 새 한 마리가 날아왔어.

➡ _____

단어 PLUS

TRACK 06-7

 휴대 전화와 관련된 어휘를 익혀보세요.

开机 | 关机
kāi jī | guān jī
전원을 켜다/끄다

应用软件
yìngyòng ruǎnjiàn
APP, 앱, 애플리케이션

屏幕 píngmù
화면

短信 duǎnxìn
문자 메시지

无线网络
wú xiàn wǎngluò
Wi-Fi

飞行模式
fēixíng móshì
비행기 모드

蓝牙 lányá
블루투스

耳机 ěrjī
이어폰

指纹识别
zhǐwén shíbié
지문 인식

07

外卖文化
wàimài wénhuà

배달 문화

학습 포인트

- **회화** 배달 문화 | 란런경제
- **단문** 중국의 배달 음식
- **어법** 반어문

☐	点	diǎn	동 주문하다, 지정하다
☐	外卖	wàimài	명 배달 음식
☐	又	yòu	부 또, 다시
☐	难道	nándào	부 반문의 어감을 강조 (주로 문장 끝에 '吗'와 호응함)
☐	懒	lǎn	형 게으르다
☐	洗碗	xǐ wǎn	설거지하다
☐	专门	zhuānmén	부 특별히, 일부러
☐	为	wèi	전 ~때문에, ~을(를) 위해
☐	设计	shèjì	동 설계하다, 디자인하다
☐	到底	dàodǐ	부 도대체
☐	经常	jīngcháng	부 자주
☐	麻辣香锅	málàxiāngguō	명 마라샹궈
☐	送外卖	sòng wàimài	음식을 배달하다
☐	餐厅	cāntīng	명 식당
☐	干豆腐	gāndòufu	명 간더우푸, 건두부
☐	香菜	xiāngcài	명 샹차이, 고수
☐	自助	zìzhù	동 자신이 직접 하다, 셀프 서비스하다
☐	程度	chéngdù	명 정도, 수준
☐	微辣	wēi là	약간 맵다, 매콤하다
☐	下单	xià dān	동 주문하다

패턴 알아보기

TRACK 07-2

1 难道你就不能做点儿饭吗? 네가 밥 좀 할 수는 없는 거야?

Nándào nǐ jiù bù néng zuò diǎnr fàn ma?

你就不能原谅我　너는 나를 용서할 수 없다
nǐ jiù bù néng yuánliàng wǒ

没有更好的办法了　더 좋은 방법이 없다
méiyǒu gèng hǎo de bànfǎ le

2 外卖APP就是专门为你这种懒人设计的!

Wàimài APP jiù shì zhuānmén wèi nǐ zhè zhǒng lǎnrén shèjì de!

배달 음식 앱은 너 같은 게으른 사람 때문에 특별히 만들어진 거야!

这些玩具	孩子们	准备
zhèxiē wánjù	háizimen	zhǔnbèi
이 장난감들	아이들	준비하다
这套婚纱	你	定制
zhè tào hūnshā	nǐ	dìng zhì
이 웨딩 드레스	너	맞춤 제작하다

3 你到底想不想吃? 너는 도대체 먹고 싶은 거야 먹고 싶지 않은 거야?

Nǐ dàodǐ xiǎng bu xiǎng chī?

她　그녀
tā

你跟他们　너와 그들
nǐ gēn tāmen

爱不爱你　너를 사랑하는 거야 사랑하지 않는 거야?
ài bu ài nǐ

有什么关系　무슨 관계가 있는 거야?
yǒu shénme guānxi

회화

본문 해석 p.184 TRACK 07-3

刘佳洋　姐，我好饿啊！家里有什么吃的吗？
Jiě, wǒ hǎo è a! Jiā li yǒu shénme chī de ma?

刘佳琪　家里没有吃的了。咱俩点外卖吧。
Jiā li méiyǒu chī de le. Zán liǎ diǎn wàimài ba.

刘佳洋　又点外卖！难道你就不能做点儿饭吗？
Yòu diǎn wàimài! Nándào nǐ jiù bù néng zuò diǎnr fàn ma?

> **TIP!**
> '懒得+동사'는 '(동사)하기 귀찮다'라는 의미예요.
> 예 我懒得动。
> Wǒ lǎn de dòng.
> 나는 움직이기 귀찮아.

刘佳琪　我懒得做*。点外卖多方便啊，还不用洗碗。
Wǒ lǎn de zuò. Diǎn wàimài duō fāngbiàn a, hái bú yòng xǐ wǎn.

刘佳洋　外卖APP就是专门为你这种懒人设计的！
Wàimài APP jiù shì zhuānmén wèi nǐ zhè zhǒng lǎnrén shèjì de!

刘佳琪　你不懒！那你怎么不做？你到底想不想吃？
Nǐ bù lǎn! Nà nǐ zěnme bú zuò? Nǐ dàodǐ xiǎng bu xiǎng chī?

刘佳洋　想吃想吃，别生气嘛！
Xiǎng chī xiǎng chī, bié shēng qì ma!

我们经常去的那家麻辣香锅店可以送外卖吗？
Wǒmen jīngcháng qù de nà jiā málàxiāngguō diàn kěyǐ sòng wàimài ma?

刘佳琪　现在哪有送不了外卖的餐厅啊！
Xiànzài nǎ yǒu sòng bu liǎo wàimài de cāntīng a!

刘佳洋　那要怎么选菜呢？我想多放点儿干豆腐，不要香菜。
Nà yào zěnme xuǎn cài ne? Wǒ xiǎng duō fàng diǎnr gāndòufu, bú yào xiāngcài.

刘佳琪 没问题！APP可以自助选菜，还可以选择辣的程度。
Méi wèntí! APP kěyǐ zìzhù xuǎn cài, hái kěyǐ xuǎnzé là de chéngdù.

刘佳洋 太好了！我要微辣！
Tài hǎo le! Wǒ yào wēi là!

> **TIP!**
> 중국에서는 주로 맵기에 따라 '微辣(약간 매움)', '中辣(매움)', '重辣/特辣(아주 매움)'로 구분해요.

刘佳琪 我下单了，已经付款了。待会儿你接一下外卖吧。
Wǒ xià dān le, yǐjīng fù kuǎn le. Dài huìr nǐ jiē yíxià wàimài ba.

문화 TIP!

○ **란런경제(懶人经济)**

'란런경제'란 게으른 사람을 뜻하는 중국어 '란런(懶人)'과 '경제(经济)'가 합쳐진 말로, '란런'의 수요를 충족시키기 위한 상품 및 서비스 산업이 활성화되는 현상을 뜻해요. '란런'은 단순히 게으른 사람을 뜻하는 것이 아니라, 귀찮게 여겨지는 일에 투자하는 시간을 최대한 줄이고, 본인이 원하는 일에 시간을 더 할애하려고 하는 중국의 20~30대를 의미해요. 앞으로는 음식 배달, 심부름 서비스 등 '란런'을 위한 상품과 서비스가 중국 소비의 주요 트렌드가 될 것이라고 해요.

단문 단어

TRACK 07-4

☐	随着	suízhe	젠 ~에 따라
☐	智能手机	zhìnéng shǒujī	명 스마트폰
☐	通过	tōngguò	젠 ~을(를) 통해
☐	行业	hángyè	명 업계, 업종, 직종
☐	发展	fāzhǎn	명 발전 동 발전하다
☐	极	jí	부 아주, 매우, 극히
☐	便利	biànlì	형 편리하다
☐	与	yǔ	젠접 ~와(과)
☐	品种	pǐnzhǒng	명 상품의 종류
☐	配送	pèisòng	동 배송하다
☐	速度	sùdù	명 속도
☐	点餐	diǎn cān	음식을 주문하다
☐	好处	hǎochù	명 장점, 이로운 점
☐	首先	shǒuxiān	대 우선, 먼저(항목을 열거할 때 쓰임)
☐	结算	jiésuàn	동 결제하다, 결산하다
☐	优惠	yōuhuì	형 우대의, 특혜의
☐	其次	qícì	대 두 번째로, 그다음 (항목을 열거할 때 쓰임)
☐	参考	cānkǎo	동 참고하다, 참조하다

본문 해석 p.185 TRACK 07-5

中国的外卖
Zhōngguó de wàimài

随着智能手机的普及，通过手机APP点外卖的人越来越多。
Suízhe zhìnéng shǒujī de pǔjí, tōngguò shǒujī APP diǎn wàimài de rén yuèláiyuè duō.

外卖行业的发展也给人们的生活带来了极大的便利。
Wàimài hángyè de fāzhǎn yě gěi rénmen de shēnghuó dàilai le jí dà de biànlì.

与韩国一样，中国的外卖很受人们的欢迎。外卖的
Yǔ Hánguó yíyàng, Zhōngguó de wàimài hěn shòu rénmen de huānyíng. Wàimài de

品种多、配送速度快。可以说只有你想不到的，没有外卖
pǐnzhǒng duō、pèisòng sùdù kuài. Kěyǐ shuō zhǐ yǒu nǐ xiǎng bu dào de, méiyǒu wàimài

送不到的。
sòng bu dào de.

用手机APP点餐有很多好处。首先，用APP结算会有
Yòng shǒujī APP diǎn cān yǒu hěn duō hǎochù. Shǒuxiān, yòng APP jiésuàn huì yǒu

价格优惠；其次，可以参考其他人的评论再做决定。
jiàgé yōuhuì; qícì, kěyǐ cānkǎo qítā rén de pínglùn zài zuò juédìng.

옳고 그름 판단하기 ☒

1 用手机APP点外卖的人逐渐增多。
Yòng shǒujī APP diǎn wàimài de rén zhújiàn zēngduō.

2 用手机APP结算会更贵。
Yòng shǒujī APP jiésuàn huì gèng guì.

어법 익히기

 반어문

표현의 효과를 높이기 위해 말하고자 하는 내용을 반대로 나타내는 의문문 형식을 '반어문'이라고 합니다. 부정의 형식으로 긍정을 강조하고, 긍정의 형식으로 부정을 강조합니다.

 不是~吗?

예 这不是你的手机吗?（这是你的手机。）
Zhè bú shì nǐ de shǒujī ma?
이건 네 휴대 전화 아니야?(이것은 네 휴대 전화야.)

我们不是已经约好了吗?（我们已经约好了。）
Wǒmen bú shì yǐjīng yuē hǎo le ma?
우리 이미 약속한 거 아니야?(우리는 이미 약속했어.)

 哪~啊/呢!

예 我哪有时间啊!（我没有时间。）
Wǒ nǎ yǒu shíjiān a!
내가 시간이 어디 있어!(나는 시간이 없어.)

我哪吃得了那么多呢!（我吃不了那么多。）
Wǒ nǎ chī de liǎo nàme duō ne!
내가 어떻게 그렇게 많이 먹을 수 있겠어!(나는 그렇게 많이 먹지 못해.)

难道～吗?

예 你难道一直不知道吗?（你一直不知道。）

Nǐ nándào yìzhí bù zhīdào ma?

너는 설마 계속 몰랐던 거야?(너는 계속 몰랐구나.)

他们做得到，难道我们做不到吗?（我们也能做到。）

Tāmen zuò de dào, nándào wǒmen zuò bu dào ma?

그들이 할 수 있는데, 우리라고 못하겠어?(우리도 할 수 있어.)

 怎么能～呢?

예 他说过谎，我怎么能相信他呢?（我不能相信他。）

Tā shuō guo huǎng, wǒ zěnme néng xiāngxìn tā ne?

그가 거짓말을 한 적이 있는데, 내가 어떻게 그를 믿을 수 있겠어?

(나는 그를 믿을 수 없어.)

弟弟考上了名牌大学，我怎么能不高兴呢?（我很高兴。）

Dìdi kǎo shàng le míngpái dàxué, wǒ zěnme néng bù gāoxìng ne?

남동생이 명문 대학에 합격했는데, 내가 어떻게 기뻐하지 않을 수 있겠어?

(나는 기뻐.)

 단어

约 yuē 图 약속하다 | 说谎 shuō huǎng 图 거짓말하다 | **名牌大学** míngpái dàxué 명문 대학

듣기 연습하기

듣기 스크립트
p.180

TRACK 07-6

1 녹음을 듣고 일치하는 그림을 고르세요.

①

②

2 녹음을 듣고 제시된 문장의 옳고 그름을 표시하세요.

① 她觉得点外卖很方便。
Tā juéde diǎn wàimài hěn fāngbiàn.

② 他想吃干豆腐和香菜。
Tā xiǎng chī gāndòufu hé xiāngcài.

③ 她还没付款。
Tā hái méi fù kuǎn.

패턴 연습하기

1 '难道~吗'를 사용하여 다음 문장을 완성하고 대화해보세요.

1 A _____

네가 밥 좀 할 수는 없는 거야?

B 我很累，你做不行吗？
Wǒ hěn lèi, nǐ zuò bùxíng ma?

2 A _____

설마 더 좋은 방법이 없는 건가요?

B 是的，病人这种情况，只能手术。
Shì de, bìngrén zhè zhǒng qíngkuàng, zhǐ néng shǒushù.

2 '就是专门为~的'를 사용하여 다음 문장을 완성하고 대화해보세요.

1 A 我懒得做饭，点外卖多方便啊！
Wǒ lǎn de zuò fàn, diǎn wàimài duō fāngbiàn a!

B _____

배달 음식 앱은 너 같은 게으른 사람 때문에 특별히 만들어진 거야!

2 A _____

이 웨딩 드레스는 너를 위해 특별히 맞춤 제작한 거야!

B 哇，真漂亮！我太感动了！
Wa, zhēn piàoliang! Wǒ tài gǎndòng le!

3 '到底'를 사용하여 다음 문장을 완성하고 대화해보세요.

1 A _____

너는 도대체 먹고 싶은 거야 먹고 싶지 않은 거야?

B 想吃想吃！
Xiǎng chī xiǎng chī!

2 A _____

그녀는 도대체 너를 사랑하는 거야 사랑하지 않는 거야?

B 她嘴上说爱我，但是我感觉不到。
Tā zuǐ shang shuō ài wǒ, dànshì wǒ gǎnjué bu dào.

4 '반어문'을 사용하여 다음 문장을 완성하고 읽어보세요.

1 _____ | 不是~吗 |

우리 이미 약속한 거 아니야?

2 _____ | 哪~啊 |

내가 시간이 어디 있어!

3 他说过谎，_____ | 怎么能~呢 |
Tā shuō guo huǎng,　내가 어떻게 그를 믿을 수 있겠어?

 단어

病人 bìngrén 圆 환자 | 情况 qíngkuàng 圆 상황, 정황 | 感动 gǎndòng 圈 감동적이다 | 感觉
gǎnjué 圄 느끼다

생각 표현하기

모범 답안 p.175

 다음 그림과 주어진 어휘를 참고하여 이야기를 만들어보세요.

生日 shēngrì
명 생일

邀请 yāoqǐng
동 초대하다

好主意 hǎo zhǔyi
좋은 생각

点外卖 diǎn wàimài
배달 음식을 시키다

_____

....

....

....

....

....

....

_____

주어진 어휘를 어순에 맞게 배열하세요.

1

送不了	现在	外卖的	啊	哪有	餐厅
sòng bu liǎo	xiànzài	wàimài de	a	nǎ yǒu	cāntīng

➡ _____

요즘 음식 배달이 안 되는 식당이 어디 있니!

2

想	点儿	我	干豆腐	多放
xiǎng	diǎnr	wǒ	gāndòufu	duō fàng

➡ _____

나는 간더우푸를 좀 더 많이 넣고 싶어.

3

不是	你的	这	吗	手机
bú shì	nǐ de	zhè	ma	shǒujī

➡ _____

이건 네 휴대 전화 아니야?

4

一直	难道	吗	不知道	你
yìzhí	nándào	ma	bù zhīdào	nǐ

➡ _____

너는 설마 계속 몰랐던 거야?

번역 해보기

1 다음 중국어 문장을 한국어로 번역하세요.

① 家里没有吃的了。
Jiā li méiyǒu chī de le.

➡ _____

② 我们经常去的那家麻辣香锅店可以送外卖吗?
Wǒmen jīngcháng qù de nà jiā málàxiāngguō diàn kěyǐ sòng wàimài ma?

➡ _____

③ APP可以自助选菜，还可以选择辣的程度。
APP kěyǐ zìzhù xuǎn cài, hái kěyǐ xuǎnzé là de chéngdù.

➡ _____

2 다음 한국어 문장을 중국어로 번역하세요.

① 배달 음식 시키면 얼마나 편하니, 설거지할 필요도 없고.

➡ _____

② 그럼 재료를 어떻게 골라야 해?

➡ _____

③ 남동생이 명문 대학에 합격했는데, 내가 어떻게 기뻐하지 않을 수 있겠어?

➡ _____

단어 PLUS

TRACK 07-7

 조리 방법과 관련된 어휘를 익혀보세요.

烤 kǎo
굽다

炸 zhá
튀기다

炒 chǎo
볶다

煎 jiān
부치다

蒸 zhēng
찌다

煮 zhǔ
삶다, 끓이다

拌 bàn
무치다

切 qiē
자르다, 썰다

削 xiāo
깎다, 껍질을 벗기다

08

结婚文化
jié hūn wénhuà

결혼 문화

☐	亲爱	qīn'ài	형 친애하다
☐	终于	zhōngyú	부 드디어, 마침내
☐	领证	lǐng zhèng	혼인 신고를 하다
☐	紧张	jǐnzhāng	형 긴장하다
☐	需要	xūyào	동 필요하다, 필요로 하다
☐	证件	zhèngjiàn	명 증명 서류, 증명
☐	户口本(儿)	hùkǒuběn(r)	명 가족 관계 등록부
☐	身份证	shēnfènzhèng	명 신분증
☐	护照	hùzhào	명 여권
☐	化妆	huà zhuāng	동 화장하다
☐	眉毛	méimao	명 눈썹
☐	好像	hǎoxiàng	부 ~인 것 같다
☐	照相	zhào xiàng	동 사진을 찍다
☐	敏感	mǐngǎn	형 민감하다, 예민하다
☐	结婚证	jiéhūnzhèng	명 결혼증서
☐	一辈子	yíbèizi	명 평생, 일생
☐	完美	wánměi	형 완벽하다
☐	才	cái	부 ~해야만(앞에 주로 '只有', '必须' 등과 함께 쓰임)
☐	民政局	mínzhèngjú	명 민정국(사회행정 사무를 보는 정부 기관)
☐	排队	pái duì	동 줄을 서다
☐	称呼	chēnghu	명 호칭
☐	鸡皮疙瘩	jīpí gēda	닭살
☐	声	shēng	양 마디, 번(소리의 횟수를 나타냄)
☐	老公	lǎogōng	명 남편, 여보
☐	婚礼	hūnlǐ	명 결혼식
☐	日子	rìzi	명 날짜, 일자
☐	转移	zhuǎnyí	동 돌리다, 바꾸다, 변경하다
☐	话题	huàtí	명 말, 화제, 주제

1 咱们今天终于**要去领证啦**！ 우리 오늘 드디어 혼인 신고하러 간다!
Zánmen jīntiān zhōngyú yào qù lǐng zhèng la!

> 同学们　학급 친구들
> tóngxuémen
>
> 北京　베이징
> Běijīng

> 毕业啦　졸업했다
> bì yè la
>
> 下雪啦　눈이 내렸다
> xià xuě la

2 需要的证件都**带了吗**？ 필요한 증명 서류들은 다 챙겼어?
Xūyào de zhèngjiàn dōu dài le ma?

> 剩下的饼干　남은 비스킷
> shèng xià de bǐnggān
>
> 会议内容　회의 내용
> huìyì nèiróng

> 吃　먹다
> chī
>
> 记录　기록하다
> jìlù

3 两边的眉毛好像**画得不太一样**。 양쪽 눈썹을 좀 다르게 그린 것 같아.
Liǎng biān de méimao hǎoxiàng huà de bú tài yíyàng.

> 他的普通话
> tā de pǔtōnghuà
> 그의 보통화(중국의 표준어)
>
> 你的心情
> nǐ de xīnqíng
> 네 기분

> 说得不太标准
> shuō de bú tài biāozhǔn
> 그다지 표준적이지 않다
>
> 不太好
> bú tài hǎo
> 그다지 좋지 않다

회화

본문 해석 p.185

TRACK 08-3

张学明　亲爱的*，咱们今天终于要去领证啦！
　　　　Qīn'ài de, zánmen jīntiān zhōngyú yào qù lǐng zhèng la!

李美娜　我有点儿紧张。
　　　　Wǒ yǒudiǎnr jǐnzhāng.

　　　　需要的证件都带了吗？
　　　　Xūyào de zhèngjiàn dōu dài le ma?

> **TIP!**
> 형용사 '亲爱'에 '的'를 붙여 '亲爱的'라고
> 쓸 경우에는 부부나 연인 또는 관계가 친밀한 동성
> 친구 간에 쓰는 호칭이 돼요. 한국어로는 '자기야,
> 여보' 정도로 이해하는 것이 가장 적절해요.

张学明　户口本、身份证都带了。对了，你得把护照拿着。
　　　　Hùkǒuběn、shēnfènzhèng dōu dài le. Duì le, nǐ děi bǎ hùzhào ná zhe.

李美娜　知道，都在这儿。你看一下我化的妆，
　　　　Zhīdao, dōu zài zhèr. Nǐ kàn yíxià wǒ huà de zhuāng,

　　　　两边的眉毛好像画得不太一样。
　　　　liǎng biān de méimao hǎoxiàng huà de bú tài yíyàng.

张学明　没什么不一样啊！照个相而已，你太敏感了吧？
　　　　Méi shénme bù yíyàng a! Zhào ge xiàng éryǐ, nǐ tài mǐngǎn le ba?

李美娜　一个结婚证要用一辈子的！必须完美才行！
　　　　Yí ge jiéhūnzhèng yào yòng yíbèizi de! Bìxū wánměi cái xíng!

张学明　已经很美啦！赶紧去民政局吧。去晚了，要排队等很久。
　　　　Yǐjīng hěn měi la! Gǎnjǐn qù mínzhèngjú ba. Qù wǎn le, yào pái duì děng hěn jiǔ.

（领完证后）

(lǐng wán zhèng hòu)

张学明　老婆！把结婚证再给我看看。
　　　　Lǎopo! Bǎ jiéhūnzhèng zài gěi wǒ kànkan.

李美娜　我对这个称呼有点儿不习惯。鸡皮疙瘩都起来了！
　　　　Wǒ duì zhè ge chēnghu yǒudiǎnr bù xíguàn. Jīpí gēda dōu qǐlai le!

张学明　慢慢儿就习惯了。你也叫我一声老公！
　　　　Mànmānr jiù xíguàn le. Nǐ yě jiào wǒ yì shēng lǎogōng!

李美娜　嗯……我们什么时候办婚礼呀？
　　　　Èn...... Wǒmen shénme shíhou bàn hūnlǐ ya?

　　　　得选个好日子！
　　　　Děi xuǎn ge hǎo rìzi!

张学明　别转移话题！
　　　　Bié zhuǎnyí huàtí!

TIP!

'起鸡皮疙瘩'는 '닭살
이 돋다, 소름이 돋다'라는
의미예요. 대화 중에 느끼
함이나 징그러움을 나타낼
때 자주 쓰여요.

단문 단어

☐	进行	jìnxíng	통 진행하다
☐	登记	dēng jì	통 등록하다, 접수하다
☐	结婚登记	jié hūn dēng jì	혼인 신고
☐	当天	dàngtiān	명 당일, 그날
☐	新郎	xīnláng	명 신랑
☐	伴郎	bànláng	명 신랑 들러리
☐	亲戚	qīnqi	명 친척
☐	新娘	xīnniáng	명 신부
☐	接亲	jiē qīn	통 (신랑이 신부 집에 가서) 신부를 맞이하다
☐	方	fāng	명 측, 편
☐	通常	tōngcháng	부 일반적으로, 통상적으로 형 통상적이다, 일반적이다
☐	租	zū	통 (돈을 내고) 빌리다
☐	台	tái	양 대(기계·설비 등을 세는 단위)
☐	同款	tóng kuǎn	같은 모델
☐	高级	gāojí	형 (품질·수준 등) 고급의
☐	轿车	jiàochē	명 승용차, 세단(sedan)
☐	伴娘	bànniáng	명 신부 들러리
☐	故意	gùyì	부 일부러, 고의로
☐	红包	hóngbāo	명 (축의금, 상여금 등의) 돈을 넣은 붉은 봉투
☐	礼金	lǐjīn	명 축의금
☐	双数	shuāngshù	명 짝수
☐	除外	chúwài	통 제외하다
☐	单数	dānshù	명 홀수
☐	根据	gēnjù	전 ~에 따라, ~에 근거하여
☐	亲近	qīnjìn	형 친밀하다, 가깝다
☐	喜糖	xǐtáng	명 결혼식 때 사람들에게 나누어주는 사탕
☐	喜酒	xǐjiǔ	명 결혼 축하주

본문 해석 p.185   TRACK 08-5

中国的婚礼文化

Zhōngguó de hūnlǐ wénhuà

中国人一般先进行结婚登记，然后再举行婚礼。婚礼一般
Zhōngguórén yìbān xiān jìnxíng jié hūn dēng jì, ránhòu zài jǔxíng hūnlǐ. Hūnlǐ yìbān

在酒店举行。
zài jiǔdiàn jǔxíng.

结婚当天一大早，新郎会带着伴郎和几个亲戚朋友到
Jié hūn dàngtiān yídàzǎo, xīnláng huì dài zhe bànláng hé jǐ ge qīnqi péngyou dào

新娘家接亲。新郎方通常会租几台甚至几十台同款的高级
xīnniáng jiā jiē qīn. Xīnláng fāng tōngcháng huì zū jǐ tái shènzhì jǐ shí tái tóng kuǎn de gāojí

轿车去接新娘。新娘方的伴娘和亲戚朋友会故意不给新郎
jiàochē qù jiē xīnniáng. Xīnniáng fāng de bànniáng hé qīnqi péngyou huì gùyì bù gěi xīnláng

开门，并向新郎要红包。
kāi mén, bìng xiàng xīnláng yào hóngbāo.

中国人送礼金一般给双数，但是4除外。不过单数中的
Zhōngguórén sòng lǐjīn yìbān gěi shuāngshù, dànshì sì chúwài. Búguò dānshù zhōng de

5也经常用。可以根据关系的亲近程度给200元、500元、
wǔ yě jīngcháng yòng. Kěyǐ gēnjù guānxi de qīnjìn chéngdù gěi liǎngbǎi yuán, wǔbǎi yuán,

1000元等。新郎新娘会给参加婚礼的人准备喜糖和喜酒。
yìqiān yuán děng. Xīnláng xīnniáng huì gěi cānjiā hūnlǐ de rén zhǔnbèi xǐtáng hé xǐjiǔ.

◎ 옳고 그름 판단하기 ⊗

1 通常情况下，中国人先举行婚礼，
Tōngcháng qíngkuàng xià, Zhōngguórén xiān jǔxíng hūnlǐ,

然后进行结婚登记。
ránhòu jìnxíng jié hūn dēng jì.

☐

2 中国人送礼金经常给双数。
Zhōngguórén sòng lǐjīn jīngcháng gěi shuāngshù.

☐

어법 익히기

把자문

목적어를 '把+목적어' 형태로 바꾸어 술어 앞에 둠으로써, 술어와 기타성분의 의미를 강조하는 문장을 '把자문'이라고 합니다.

1 주어 + 把 + 목적어 + 술어 + 기타성분 ─ 기본 문형

> 예 我把那张照片扔了。 나는 그 사진을 버렸어.
> Wǒ bǎ nà zhāng zhàopiàn rēng le.
>
> 他把这杯咖啡喝完了。 그는 이 커피를 다 마셨어.
> Tā bǎ zhè bēi kāfēi hē wán le.

① 목적어는 화자나 청자가 모두 알고 있는 **특정한 대상**이어야 합니다.

> 예 把那本书递给我。 (O)
> Bǎ nà běn shū dì gěi wǒ.
> 그 책을 내게 건네줘.
>
> 把一本书递给我。 (X)
> Bǎ yì běn shū dì gěi wǒ.

② 술어는 혼자 쓰일 수 없고, **기타성분과 함께** 쓰입니다. 기타성분에는 주로 동태조사, 보어, 동사 중첩, 목적어 등이 옵니다.

> 예 你把手机拿着。 (동태조사)
> Nǐ bǎ shǒujī ná zhe.
> 너는 휴대 전화를 들고 있으렴.
>
> 我把钱包弄丢了。 (보어)
> Wǒ bǎ qiánbāo nòng diū le.
> 나는 지갑을 잃어버렸어.
>
> 咱们把这个问题研究研究。 (동사 중첩)
> Zánmen bǎ zhè ge wèntí yánjiū yánjiū.
> 우리가 이 문제를 연구해보자.
>
> 你把这个消息告诉他吧。 (목적어)
> Nǐ bǎ zhè ge xiāoxi gàosu tā ba.
> 너는 이 소식을 그에게 알려주렴.

부사/조동사 + 把 + 목적어

일반적으로 부사, 조동사는 '把' 앞에 둡니다.

예 妈妈已经把饭做好了。(시간부사)
Māma yǐjīng bǎ fàn zuò hǎo le.
엄마는 이미 밥을 다 하셨어.

我没把雨伞带来。(부정부사)
Wǒ méi bǎ yǔsǎn dàilai.
나는 우산을 가져오지 않았어.

我想把客厅打扫一下。(조동사)
Wǒ xiǎng bǎ kètīng dǎsǎo yíxià.
나는 거실을 좀 청소하고 싶어.

 단어

扔 rēng 동 버리다, 던지다 | 递 dì 동 건네다, 전하다, 넘기다 | 客厅 kètīng 명 거실

녹음을 듣고 일치하는 그림을 고르세요.

녹음을 듣고 제시된 문장의 옳고 그름을 표시하세요.

1. 她觉得自己两边的眉毛画得一模一样。
   Tā juéde zìjǐ liǎng biān de méimao huà de yìmú-yíyàng.

2. 他们已经到民政局了。
   Tāmen yǐjīng dào mínzhèngjú le.

3. 他们领结婚证了。
   Tāmen lǐng jiéhūnzhèng le.

패턴 연습하기

1 '终于'를 사용하여 다음 문장을 완성하고 대화해보세요.

   1   A _____

        우리 오늘 드디어 혼인 신고하러 간다!

        B 我有点儿紧张。

        Wǒ yǒudiǎnr jǐnzhāng.

   2   A _____

        베이징에 오늘 드디어 눈이 내렸어!

        B 是啊，今年的第一场雪来得真晚。

        Shì a, jīnnián de dì-yī cháng xuě lái de zhēn wǎn.

2 '都~了吗'를 사용하여 다음 문장을 완성하고 대화해보세요.

   1   A _____

        필요한 증명 서류들은 다 챙겼어?

        B 户口本、身份证都带了。

        Hùkǒuběn、shēnfènzhèng dōu dài le.

   2   A _____

        남은 비스킷은 다 먹었어?

        B 没有，在餐厅的桌子上呢。

        Méiyǒu, zài cāntīng de zhuōzi shang ne.

'好像'을 사용하여 다음 문장을 완성하고 대화해보세요.

1　A　你看一下我化的妆，_____
　　　　Nǐ kàn yíxià wǒ huà de zhuāng,　양쪽 눈썹을 좀 다르게 그린 것 같아.

　　　B　没什么不一样啊！
　　　　Méi shénme bù yíyàng a!

2　A　_____
　　　　네 기분이 그다지 좋지 않은 것 같아.

　　　B　是的，刚才和女朋友吵架了。
　　　　Shì de, gāngcái hé nǚ péngyou chǎo jià le.

 '把자문'을 사용하여 다음 문장을 완성하고 읽어보세요.

1　_____
　　나는 그 사진을 버렸어.

2　_____
　　나는 우산을 가져오지 않았어.

3　_____
　　나는 거실을 좀 청소하고 싶어.

 단어

场 cháng ⑱ 차례, 바탕(자연 현상·일의 경과의 횟수를 세는 단위) | **吵架** chǎo jià ⑧ 싸우다, 다투다

생각 표현하기

모범 답안 p.176

 다음 그림과 주어진 어휘를 참고하여 이야기를 만들어보세요.

闺蜜 guīmì
명 소울메이트(여자)

穿婚纱 chuān hūnshā
웨딩 드레스를 입다

幸福 xìngfú
형 행복하다

度蜜月 dù mìyuè
신혼 여행을 하다

주어진 어휘를 어순에 맞게 배열하세요.

1

得	护照	你	把	着	拿
děi	hùzhào	nǐ	bǎ	zhe	ná

➡ _____

너는 여권을 가지고 있어야 해.

2

有点儿	这个称呼	不习惯	我	对
yǒudiǎnr	zhè ge chēnghu	bù xíguàn	wǒ	duì

➡ _____

나는 이 호칭이 좀 익숙하지 않아.

3

递	把	给我	那本书
dì	bǎ	gěi wǒ	nà běn shū

➡ _____

그 책을 내게 건네줘.

4

研究研究	问题	把	咱们	这个
yánjiū yánjiū	wèntí	bǎ	zánmen	zhè ge

➡ _____

우리가 이 문제를 연구해보자.

번역 해보기

 다음 중국어 문장을 한국어로 번역하세요.

1 一个结婚证要用一辈子的!
Yí ge jiéhūnzhèng yào yòng yíbèizi de!

➡ _____

2 鸡皮疙瘩都起来了!
Jīpí gēda dōu qǐlai le!

➡ _____

3 你也叫我一声老公!
Nǐ yě jiào wǒ yì shēng lǎogōng!

➡ _____

2 다음 한국어 문장을 중국어로 번역하세요.

1 우리 언제 결혼식 올릴까?

➡ _____

2 너는 이 소식을 그에게 알려주렴.

➡ _____ 把자문

3 엄마는 이미 밥을 다 하셨어.

➡ _____ 把자문

단어 PLUS

 결혼과 관련된 어휘를 익혀보세요.

婚纱 hūnshā
웨딩 드레스

花束 huāshù
부케

请柬 qǐngjiǎn
청첩장

嫁妆 jiàzhuang
혼수

婚戒 hūnjiè
결혼 반지

婚庆公司
hūnqìng gōngsī
웨딩 컨설팅 업체

闪婚 shǎnhūn
만난 지 얼마 되지 않아
하는 결혼

裸婚 luǒhūn
가진 것 없이 하는 결혼

丁克族 dīngkèzú
딩크족

09

新零售

xīn língshòu

신유통

학습 포인트

- **회화** 스마트 신선식품 마트 | 신유통
- **단문** '신유통' 모델
- **어법** 被자문

☐	冰箱	bīngxiāng	몡 냉장고
☐	蔬菜	shūcài	몡 채소, 야채
☐	被	bèi	젠 ~에 의해
☐	扔	rēng	동 버리다, 던지다
☐	正好	zhènghǎo	문 마침, 때마침
☐	超市	chāoshì	몡 마트, 슈퍼마켓
☐	相当	xiāngdāng	문 상당히, 꽤
☐	海鲜	hǎixiān	몡 해산물
☐	活	huó	동 살아 있다, 살다
☐	产地	chǎndì	몡 생산지
☐	直接	zhíjiē	형 바로, 직접, 직접적인
☐	运	yùn	동 운송하다, 운반하다
☐	怪不得	guàibude	문 어쩐지
☐	条形码	tiáoxíngmǎ	몡 바코드
☐	信息	xìnxī	몡 정보
☐	烹饪	pēngrèn	동 요리하다, 조리하다
☐	方法	fāngfǎ	몡 방법
☐	服务	fúwù	동 서비스하다
☐	周到	zhōudào	형 세심하다, 치밀하다, 빈틈없다, 주도면밀하다
☐	送货上门	sòng huò shàng mén	상품을 집까지 배송해주다
☐	加工	jiā gōng	동 가공하다
☐	现场	xiànchǎng	몡 현장, 현지
☐	口感	kǒugǎn	몡 식감
☐	一流	yīliú	형 최고의, 제일의, 일류의
☐	馋	chán	형 군침이 돌다, 먹고 싶다

1 冰箱里的蔬菜怎么都没了? 냉장고 안에 채소가 왜 다 없어진 거야?
Bīngxiāng li de shūcài zěnme dōu méi le?

台下的观众　무대 아래의 관객
tái xià de guānzhòng

附近的诊所　근처 동네 병원
fùjìn de zhěnsuǒ

走　가다
zǒu

关门　문을 닫다
guān mén

2 我正好想逛逛新开的那家超市。
Wǒ zhènghǎo xiǎng guàngguang xīn kāi de nà jiā chāoshì.
나는 마침 새로 연 그 마트를 한번 구경하고 싶었어.

我　나
wǒ

他们　그들
tāmen

找你有事　너한테 볼 일이 있다
zhǎo nǐ yǒu shì

赶上了最后一趟地铁　지하철 막차를 탔다
gǎn shàng le zuìhòu yí tàng dìtiě

3 这家超市的蔬菜相当新鲜。 이 마트의 채소는 상당히 신선해.
Zhè jiā chāoshì de shūcài xiāngdāng xīnxiān.

今天的阳光　오늘의 햇빛
jīntiān de yángguāng

这个主意　이 생각
zhè ge zhǔyi

好　좋다
hǎo

有创意　창의적이다
yǒu chuàngyì

회화

본문 해석 p.186   TRACK 09-3

张学明 　老婆，冰箱里的蔬菜怎么都没了？
　　　　Lǎopo, bīngxiāng li de shūcài zěnme dōu méi le?

李美娜 　那些菜被我扔了。放的时间太长了，都坏了。
　　　　Nàxiē cài bèi wǒ rēng le. Fàng de shíjiān tài cháng le, dōu huài le.

张学明 　那去买点儿菜吧！
　　　　Nà qù mǎi diǎnr cài ba!

　　　　我正好想逛逛新开的那家超市。
　　　　Wǒ zhènghǎo xiǎng guàngguang xīn kāi de nà jiā chāoshì.

（超市）
(chāoshì)

李美娜 　这家超市的蔬菜相当新鲜，海鲜也是活的。
　　　　Zhè jiā chāoshì de shūcài xiāngdāng xīnxiān, hǎixiān yě shì huó de.

张学明 　对，因为很多东西是当天从产地直接运来的。
　　　　Duì, yīnwèi hěn duō dōngxi shì dàngtiān cóng chǎndì zhíjiē yùnlai de.

李美娜 　怪不得！你看，扫这个条形码可以看到产地信息，
　　　　Guàibude! Nǐ kàn, sǎo zhè ge tiáoxíngmǎ kěyǐ kàn dào chǎndì xìnxī,

　　　　还有烹饪方法呢。
　　　　hái yǒu pēngrèn fāngfǎ ne.

> **TIP!**
> '服务周到'는 '서비스가 세
> 심하다'라는 의미로 일상 생활
> 에서 자주 쓰이는 표현이에요.

张学明 　服务确实挺周到*，价格也比较便宜。
　　　　Fúwù quèshí tǐng zhōudào, jiàgé yě bǐjiào piányi.

李美娜 　我太喜欢这儿了。他们能送货上门吗？
　　　　Wǒ tài xǐhuan zhèr le. Tāmen néng sòng huò shàng mén ma?

张学明 能。咱家离这儿比较近，用APP下单后半小时就能送到。
Néng. Zán jiā lí zhèr bǐjiào jìn, yòng APP xià dān hòu bàn xiǎoshí jiù néng sòng dào.

李美娜 真快呀！你看那边，有人在吃海鲜，这里可以加工吗？
Zhēn kuài ya! Nǐ kàn nàbian, yǒu rén zài chī hǎixiān, zhèli kěyǐ jiā gōng ma?

张学明 对，在这里买的海鲜可以现场做、现场吃，听说口感一流。
Duì, zài zhèli mǎi de hǎixiān kěyǐ xiànchǎng zuò、xiànchǎng chī, tīngshuō kǒugǎn yīliú.

李美娜 我被你说馋了，咱们也买点儿吧。
Wǒ bèi nǐ shuō chán le, zánmen yě mǎi diǎnr ba.

부사 '怪不得'는 '어쩐지'라는 의미로, 원인을 알게 되어 그 상황에 대해 더는 이상함을 느끼지 않음을 나타내요.

예 怪不得迈克的汉语这么好，原来他在中国住了六年。
Guàibude Màikè de Hànyǔ zhème hǎo, yuánlái tā zài Zhōngguó zhù le liù nián.
어쩐지 마이크의 중국어가 이렇게 훌륭하다니, 알고 보니 그는 중국에서 6년 살았어.

단문 단어

☐	新零售	xīn língshòu	신유통(new retail)
☐	模式	móshì	몡 모델, 표준 양식
☐	将	jiāng	젠 ~을(를)
☐	零售业	língshòuyè	몡 소매업
☐	线上	xiàn shàng	온라인
☐	线下	xiàn xià	오프라인
☐	物流	wùliú	몡 유통
☐	系统	xìtǒng	몡 시스템, 체계
☐	相	xiāng	뷰 상호, 서로
☐	结合	jiéhé	됨 결합하다
☐	销售	xiāoshòu	됨 (상품을) 판매하다, 팔다
☐	无论	wúlùn	젭 ~든지, ~에 관계없이
☐	食品	shípǐn	몡 식품
☐	还是	háishi	젭 아니면
☐	实体店	shítǐdiàn	몡 오프라인 매장
☐	融入	róng rù	융합되다, 하나로 합하여지다
☐	消费者	xiāofèizhě	몡 소비자
☐	既~又~	jì~ yòu~	~하고 ~하다
☐	享受	xiǎngshòu	됨 누리다, 즐기다
☐	传统	chuántǒng	휑 전통적이다 몡 전통
☐	体验	tǐyàn	됨 체험하다, 체감하다
☐	电商	diànshāng	전자 상거래(E-commerce)
☐	低价	dījià	몡 저렴한 가격
☐	企业	qǐyè	몡 기업
☐	尝试	chángshì	됨 시도하다, 시행해보다
☐	其中	qízhōng	몡 그중
☐	具	jù	있다(주로 추상적인 사물에 쓰임)
☐	代表性	dàibiǎoxìng	몡 대표성
☐	盒马鲜生	Hémǎxiānshēng	고유 허마셴성(알리바바의 신선식품 전문 매장)
☐	品牌	pǐnpái	몡 브랜드, 상표

단문

"新零售" 模式
"xīn língshòu" móshì

"新零售"是指将零售业的线上、线下和物流系统
"Xīn língshòu" shì zhǐ jiāng língshòuyè de xiàn shàng、xiàn xià hé wùliú xìtǒng

相结合的销售模式。
xiāng jiéhé de xiāoshòu móshì.

无论是食品、服装还是其他商品的实体店，都可以融入
Wúlùn shì shípǐn、fúzhuāng háishi qítā shāngpǐn de shítǐdiàn, dōu kěyǐ róng rù

网络平台。在"新零售"模式中，消费者既能享受传统的
wǎngluò píngtái. Zài "xīn língshòu" móshì zhōng, xiāofèizhě jì néng xiǎngshòu chuántǒng de

购物体验，又能享受电商的低价与便利。
gòu wù tǐyàn, yòu néng xiǎngshòu diànshāng de dījià yǔ biànlì.

近年来，中国的阿里巴巴、苏宁、京东*等企业都在尝试
Jìn nián lái, Zhōngguó de Ālǐbābā、Sūníng、Jīngdōng děng qǐyè dōu zài chángshì

新的零售模式。其中，最具代表性的就是"盒马鲜生"品牌。
xīn de língshòu móshì. Qízhōng, zuì jù dàibiǎoxìng de jiù shì "Hémǎxiānshēng" pǐnpái.

★ '阿里巴巴(Alibaba)', '苏宁(Suning)', '京东(JD)'은 중국을 대표하는 전자 상거래 기업이에요.

◎ 옳고 그름 판단하기 ❌

1 "新零售"将线上与线下结合了起来。
"Xīn língshòu" jiāng xiàn shàng yǔ xiàn xià jiéhé le qǐlai. ☐

2 只有服装的实体店可以融入网络平台。
Zhǐ yǒu fúzhuāng de shítǐdiàn kěyǐ róng rù wǎngluò píngtái. ☐

어법 익히기

被자문

전치사 '被'를 사용하여 피동의 의미를 나타내는 문장을 '被자문'이라고 합니다.

 주어 + 被 + 목적어 + 술어 + 기타성분 ──── 기본 문형

'被' 뒤에 오는 목적어가 행위의 주체입니다.

예 我的钱包被小偷偷了。
Wǒ de qiánbāo bèi xiǎotōu tōu le.
내 지갑은 도둑이 훔쳤어.

那些垃圾被她扔了。
Nàxiē lājī bèi tā rēng le.
그 쓰레기들은 그녀가 버렸어.

① 주어는 화자나 청자가 모두 알고 있는 **특정한 대상**이어야 합니다.

예 那份材料被他取走了。(O)
Nà fèn cáiliào bèi tā qǔ zǒu le.
그 자료는 그가 찾아갔어.

一份材料被他取走了。(X)
Yí fèn cáiliào bèi tā qǔ zǒu le.

② 술어는 혼자 쓰일 수 없고, **기타성분과 함께** 쓰입니다. 기타성분에는 주로 동태조사, 보어 등이 옵니다.

예 我被老师表扬过。(동태조사)
Wǒ bèi lǎoshī biǎoyáng guo.
나는 선생님께 칭찬받은 적이 있어.

我的牙膏被同事借走了。(보어)
Wǒ de yágāo bèi tóngshì jiè zǒu le.
내 치약은 직장 동료가 빌려 갔어.

주어 + 被 + 술어 + 기타성분

'被' 뒤 행위의 주체는 누구인지 명확하게 알고 있거나, 주체를 특별히 언급할
필요가 없을 때 생략 가능합니다.

예 我的签证申请被(大使馆)拒绝了。
Wǒ de qiānzhèng shēnqǐng bèi (dàshǐguǎn) jùjué le.
나의 비자 신청은 (대사관에 의해) 거절당했어.

他们被(人)骗了。
Tāmen bèi (rén) piàn le.
그들은 (어떤 이에게) 속았어.

 부사/조동사 + 被 + 목적어

일반적으로 부사, 조동사는 '被' 앞에 둡니다.

예 我从来没有被小狗咬过。(시간부사 + 부정부사)
Wǒ cónglái méiyǒu bèi xiǎogǒu yǎo guo.
나는 여태껏 강아지에게 물린 적이 없어.

他可能被领导批评了。(부사)
Tā kěnéng bèi lǐngdǎo pīpíng le.
그는 아마 상사에게 꾸지람을 들었을 거야.

手机会被你玩儿坏的。(조동사)
Shǒujī huì bèi nǐ wánr huài de.
휴대 전화는 네가 쓰다가 고장 낼 거야.

 단어

小偷(儿) xiǎotōu(r) 몡 도둑 | 偷 tōu 동 훔치다 | 垃圾 lājī 몡 쓰레기 | 材料 cáiliào 몡 자료 | 取
qǔ 동 찾다, 가지다 | 表扬 biǎoyáng 동 칭찬하다 | 牙膏 yágāo 몡 치약 | 借 jiè 동 빌리다 | 签
证 qiānzhèng 몡 비자 | 申请 shēnqǐng 동 신청하다 | 大使馆 dàshǐguǎn 몡 대사관 | 骗 piàn 동
속이다, 기만하다 | 从来 cónglái 뷔 여태껏, 지금까지 | 咬 yǎo 동 물다, 깨물다 | 领导 lǐngdǎo 몡 리더,
지도자 | 批评 pīpíng 동 꾸짖다, 비판하다

녹음을 듣고 일치하는 그림을 고르세요.

1

2

녹음을 듣고 제시된 문장의 옳고 그름을 표시하세요.

1. 他想逛商场。
   Tā xiǎng guàng shāngchǎng.

2. 那里的很多商品是当天进的货。
   Nàli de hěn duō shāngpǐn shì dàngtiān jìn de huò.

3. 那里可以现场加工海鲜。
   Nàli kěyǐ xiànchǎng jiā gōng hǎixiān.

패턴 연습하기

1 '怎么都~了'를 사용하여 다음 문장을 완성하고 대화해보세요.

① A _____

냉장고 안에 채소가 왜 다 없어진 거야?

B 那些菜被我扔了。放的时间太长了，都坏了。
Nàxiē cài bèi wǒ rēng le. Fàng de shíjiān tài cháng le, dōu huài le.

② A _____

근처 동네 병원이 왜 다 문을 닫은 거지?

B 因为今天是公休日。
Yīnwèi jīntiān shì gōngxiūrì.

2 '正好'를 사용하여 다음 문장을 완성하고 대화해보세요.

① A 咱们去买点儿菜怎么样?
Zánmen qù mǎi diǎnr cài zěnmeyàng?

B 走! _____
Zǒu!　　　　나는 마침 새로 연 그 마트를 한번 구경하고 싶었어.

② A 你下午有时间吗? 一起喝杯咖啡吧。
Nǐ xiàwǔ yǒu shíjiān ma? Yìqǐ hē bēi kāfēi ba.

B 好啊, _____
Hǎo a,　　　　나 마침 너한테 볼 일이 있어.

3 '相当'을 사용하여 다음 문장을 완성하고 대화해보세요.

1 A _____, 海鲜也是活的。
　　　이 마트의 채소는 상당히 신선해,　　　hǎixiān yě shì huó de.

　　B 对，因为很多东西是当天从产地直接运来的。
　　　Duì, yīnwèi hěn duō dōngxi shì dàngtiān cóng chǎndì zhíjiē yùnlai de.

2 A _____
　　　오늘 햇빛이 상당히 좋아.

　　B 是啊，真想出去散散心。
　　　Shì a, zhēn xiǎng chūqu sànsan xīn.

4 '被자문'을 사용하여 다음 문장을 완성하고 읽어보세요.

1 _____
　　내 치약은 직장 동료가 빌려 갔어.

2 _____
　　그들은 속았어.

3 _____
　　나는 여태껏 강아지에게 물린 적이 없어.

단어

公休日 gōngxiūrì 몡 공휴일 | 散心 sàn xīn 통 기분 전환을 하다

생각 표현하기

모범 답안 p.177

 다음 그림을 참고하여 이야기를 만들어보세요.

쓰기 연습하기

 주어진 어휘를 어순에 맞게 배열하세요.

1
被	扔	菜	了	那些	我
bèi	rēng	cài	le	nàxiē	wǒ

➡ _____

그 채소들은 내가 버렸어.

2
看到	这个条形码	产地信息	扫	可以
kàn dào	zhè ge tiáoxíngmǎ	chǎndì xìnxī	sǎo	kěyǐ

➡ _____

이 바코드를 스캔하면 생산지 정보를 볼 수 있어.

3
过	我	老师	被	表扬
guo	wǒ	lǎoshī	bèi	biǎoyáng

➡ _____

나는 선생님께 칭찬받은 적이 있어.

4
签证	我的	被	拒绝	申请	了
qiānzhèng	wǒ de	bèi	jùjué	shēnqǐng	le

➡ _____

나의 비자 신청은 거절당했어.

번역 해보기

1 다음 중국어 문장을 한국어로 번역하세요.

1 很多东西是当天从产地直接运来的。
Hěn duō dōngxi shì dàngtiān cóng chǎndì zhíjiē yùnlai de.

➡ _____

2 有人在吃海鲜，这里可以加工吗？
Yǒu rén zài chī hǎixiān, zhèli kěyǐ jiā gōng ma?

➡ _____

3 我被你说馋了。
Wǒ bèi nǐ shuō chán le.

➡ _____

2 다음 한국어 문장을 중국어로 번역하세요.

1 듣자 하니 식감이 최고래.

➡ _____

2 내 지갑은 도둑이 훔쳤어.

➡ _____ 被자문

3 그는 아마 상사에게 꾸지람을 들었을 거야.

➡ _____ 被자문

단어 PLUS

 마트와 관련된 어휘를 익혀보세요.

购物手推车
gòu wù shǒu tuī chē
쇼핑 카트

购物袋 gòuwùdài
장바구니

会员卡 huìyuánkǎ
회원 카드

收银台 shōuyíntái
계산대

收银员
shōuyínyuán
계산원, 캐셔

购物小票
gòu wù xiǎopiào
구매 영수증

保质期 bǎozhìqī
유통 기한

买一送一
mǎi yī sòng yī
1+1, 원 플러스 원

打折 | 优惠
dǎ zhé | yōuhuì
할인, 세일

10

节日
jiérì

기념일과 명절

학습 포인트

- **회화** 중국판 블랙 프라이데이 | 쐉스이 | 쐉스얼
- **단문** 중국의 특유한 명절과 기념일
- **어법** 겸어문

☐	双十一	shuāng shíyī	쐉스이(매년 11/11에 열리는 중국 인터넷 쇼핑몰 할인 행사의 날)
☐	剁	duò	통 자르다, 다지다, 잘게 썰다
☐	感觉	gǎnjué	통 느끼다, 생각하다
☐	亏	kuī	통 손해 보다
☐	结果	jiéguǒ	접 결국, 끝내
☐	降价	jiàng jià	통 가격이 떨어지다, 값이 내려가다
☐	后悔	hòuhuǐ	통 후회하다
☐	网上	wǎngshàng	명 온라인, 인터넷
☐	预售	yùshòu	통 사전에 판매하다
☐	订单	dìngdān	명 주문 내역
☐	让	ràng	통 ~에게 ~하게 하다
☐	爆款	bàokuǎn	명 인기 상품, 판매량이 많은 상품
☐	平时	píngshí	명 평소, 평상시
☐	根本	gēnběn	부 아예, 전혀
☐	口红	kǒuhóng	명 립스틱
☐	试	shì	통 시도하다, 시험삼아 해 보다
☐	零点	língdiǎn	명 오전 0시, 자정
☐	准时	zhǔnshí	형 정시에, 제때에
☐	快递	kuàidì	명 택배, 퀵
☐	堆	duī	통 쌓이다, 쌓다
☐	卖家	màijiā	명 판매자, 판매 업체
☐	补货	bǔ huò	재입고하다
☐	可	kě	부 강조를 나타냄
☐	厉害	lìhai	형 대단하다
☐	本来	běnlái	부 원래, 본래
☐	限量版	xiànliàngbǎn	명 한정판
☐	手机壳	shǒujīké	명 휴대 전화 케이스
☐	可惜	kěxī	형 안타깝다, 아쉽다, 아깝다
☐	估计	gūjì	통 짐작하다, 추측하다, 예측하다
☐	双十二	shuāng shí'èr	쐉스얼, 친친제(매년 12/12에 열리는 '쐉스이' 제2탄)

1 我去年10月份买了一件大衣，结果双十一降价了。

Wǒ qùnián shí yuèfèn mǎi le yí jiàn dàyī, jiéguǒ shuāng shíyī jiàng jià le.

내가 작년 10월에 외투를 한 벌 샀는데, 결국 쌍스이에 가격이 떨어졌어.

他已经订好了去旅行的机票	临时有事没去成
tā yǐjīng dìng hǎo le qù lǚxíng de jīpiào	línshí yǒu shì méi qù chéng
그는 여행 가는 비행기 표를 이미 예매했다	임시로 일이 생겨 가지 못했다
公司向好几家银行申请了贷款	都被拒绝了
gōngsī xiàng hǎojǐ jiā yínháng shēnqǐng le dài kuǎn	dōu bèi jùjué le
회사가 여러 은행에 대출을 신청했다	모두 거절당했다

2 让我看一下你的购物车里都有什么。

Ràng wǒ kàn yíxià nǐ de gòuwùchē li dōu yǒu shénme.

네 장바구니에 어떤 것들이 있는지 내게 한번 보여주라.

你的身份证　네 신분증
nǐ de shēnfènzhèng

你的伤口怎么样了　네 상처가 어떠한지
nǐ de shāngkǒu zěnmeyàng le

3 平时这个价格根本买不到。평소에 이 가격으로는 아예 사지 못해.

Píngshí zhè ge jiàgé gēnběn mǎi bu dào.

那种情况　그런 상황	不可能发生　발생할 가능성이 없다
nà zhǒng qíngkuàng	bù kěnéng fāshēng
这孩子　이 아이	不听家长的话　부모님의 말씀을 듣지 않는다
zhè háizi	bù tīng jiāzhǎng de huà

회화

본문 해석 p.186
TRACK 10-3

李美娜 快到双十一了，你这次也要剁手*吗？
Kuài dào shuāng shíyī le, nǐ zhè cì yě yào duò shǒu ma?

> **TIP!**
>
> '剁手'는 '(더는 쇼핑할 수 없게) 손을 자르다'라는 의미로 '쌍스이' 이후에 생겨난 유행어예요. 생각지 못하게 대량, 충동 구매하고 나서 후회할 때 쓰는 표현인데, 위 문장에서는 '폭풍 쇼핑하다'는 뜻으로 쓰였어요.

李美娜同事 当然！双十一如果不买点儿什么，
Dāngrán! Shuāng shíyī rúguǒ bù mǎi diǎnr shénme,

就感觉亏了。
jiù gǎnjué kuī le.

李美娜 确实！我去年10月份买了一件大衣，结果双十一降价了。
Quèshí! Wǒ qùnián shí yuèfèn mǎi le yí jiàn dàyī, jiéguǒ shuāng shíyī jiàng jià le.

我后悔死了。
Wǒ hòuhuǐ sǐ le.

李美娜同事 现在网上已经开始预售了，
Xiànzài wǎngshàng yǐjīng kāishǐ yùshòu le,

我的购物车里已经放了30多个订单了。
wǒ de gòuwùchē li yǐjīng fàng le sānshí duō ge dìngdān le.

李美娜 那么多！让我看一下你的购物车里都有什么。
Nàme duō! Ràng wǒ kàn yíxià nǐ de gòuwùchē li dōu yǒu shénme.

李美娜同事 我选的都是爆款，平时这个价格根本买不到。
Wǒ xuǎn de dōu shì bàokuǎn, píngshí zhè ge jiàgé gēnběn mǎi bu dào.

李美娜 这个口红我知道，最近网红都在卖。你能抢到吗？
Zhè ge kǒuhóng wǒ zhīdao, zuìjìn wǎnghóng dōu zài mài. Nǐ néng qiǎng dào ma?

李美娜同事 不一定，试试看吧。得在11月11号零点准时下单。
Bù yídìng, shìshi kàn ba. Děi zài shíyī yuè shíyī hào língdiǎn zhǔnshí xià dān.

（双十一过后）

(shuāng shíyī guò hòu)

李美娜　天啊！你的快递都堆成山*啦！
　　　　Tiān a! Nǐ de kuàidì dōu duī chéng shān la!

TIP!

'堆成山'을 직역하면 '쌓여서 산이 됐다'로
'산더미'라는 의미예요.

예 家务活堆成山了。
　　Jiāwùhuó duī chéng shān le.
　　집안일이 산더미다.

李美娜同事　嘿嘿，还有好几个没到货呢。
　　　　　　Hēihēi, hái yǒu hǎojǐ ge méi dào huò ne.

　　　　　　卖家说在补货，让我再等几天。
　　　　　　Màijiā shuō zài bǔ huò, ràng wǒ zài děng jǐ tiān.

李美娜　你可真厉害！我本来看上一个限量版手机壳，
　　　　Nǐ kě zhēn lìhai! Wǒ běnlái kàn shàng yí ge xiànliàngbǎn shǒujīké,

　　　　但是没抢到。
　　　　dànshì méi qiǎng dào.

李美娜同事　太可惜了。估计双十二还会有优惠，只是不会那么便宜了。
　　　　　　Tài kěxī le. Gūjì shuāng shí'èr hái huì yǒu yōuhuì, zhǐshì bú huì nàme piányi le.

○ '光棍节'와 '双十一'

중국에서 11월 11일은 '光棍节 Guānggùnjié'이자 '双十一'에요. 중국어로 애인이 없는
사람을 '光棍'이라고 하는데, 홀로 외롭게 서 있는 사람의 모습이 숫자 '1'의 모양과 비슷하
다고 하여 11월 11일이 '솔로데이'가 됐어요. 2009년 이후에는 '알리바바'가 중국판 블랙 프
라이데이 행사를 시작하면서 중국 최대의 쇼핑일로 자리잡게 됐어요. '11'이 두 개 있다고
하여 '双十一'라고 하며, 2012년부터는 12월 12일에도 온라인 쇼핑몰에서 대형 프로모션을
진행하기 시작하여 이를 '双十二'이라고 불러요.

단문 단어

☐	特有	tèyǒu	형 특유하다, 독특하다, 고유하다
☐	节日	jiérì	명 명절, 기념일
☐	不仅	bùjǐn	접 ~뿐 아니라
☐	包括	bāokuò	동 포함되다, 포함하다
☐	新兴	xīnxīng	형 새로 생겨난, 신흥
☐	熟悉	shúxi	동 잘 알다, 친숙하다
☐	例如	lìrú	동 예를 들다
☐	以~为准	yǐ~wéi zhǔn	~을(를) 기준으로 하다
☐	阴历	yīnlì	명 음력
☐	情人节	Qíngrénjié	고유 밸런타인데이
☐	七夕	Qīxī	고유 칠석(음력 7월 7일 밤, 견우와 직녀가 일 년에 한 번 만난다는 전설이 있음)
☐	光棍节	Guānggùnjié	고유 솔로데이
☐	之所以	zhīsuǒyǐ	접 ~한 이유는
☐	叫做	jiàozuò	동 ~라고 부르다, ~라고 하다
☐	是因为	shì yīnwèi	~때문이다
☐	数字	shùzì	명 숫자
☐	像	xiàng	동 ~와(과) 같다, 비슷하다
☐	光棍儿	guānggùnr	명 ① 빛나는 막대기 ② 애인이 없는 사람, 노총각
☐	属于	shǔyú	동 ~에 속하다
☐	恋人	liànrén	명 연인, 애인
☐	发音	fāyīn	명 발음

中国特有的节日

Zhōngguó tèyǒu de jiérì

中国有许多特有的节日，其中不仅有传统的节日，

Zhōngguó yǒu xǔduō tèyǒu de jiérì, qízhōng bùjǐn yǒu chuántǒng de jiérì,

还包括新兴的节日。

hái bāokuò xīnxīng de jiérì.

中国的传统节日大家都非常熟悉，例如春节、中秋节、

Zhōngguó de chuántǒng jiérì dàjiā dōu fēicháng shúxi, lìrú Chūnjié、Zhōngqiūjié、

端午节等。这些节日都是以阴历为准的。就连中国的情人节

Duānwǔjié děng. Zhèxiē jiérì dōu shì yǐ yīnlì wéi zhǔn de. Jiù lián Zhōngguó de Qíngrénjié

也是阴历的，就是阴历七月初七——七夕情人节。

yě shì yīnlì de, jiù shì yīnlì qī yuè chū qī——Qīxī Qíngrénjié.

中国的新兴节日也非常多。比如11月11日是光棍节。

Zhōngguó de xīnxīng jiérì yě fēicháng duō. Bǐrú shíyī yuè shíyī rì shì Guānggùnjié.

之所以把这一天叫做光棍节，是因为数字1像光棍儿一样。

Zhīsuǒyǐ bǎ zhè yìtiān jiàozuò Guānggùnjié, shì yīnwèi shùzì yī xiàng guānggùnr yíyàng.

此外，5月20日和5月21日是属于恋人的节日。因为它们的发音

Cǐwài, wǔ yuè èrshí rì hé wǔ yuè èrshíyī rì shì shǔyú liànrén de jiérì. Yīnwèi tāmen de fāyīn

很像"我爱你"。

hěn xiàng "wǒ ài nǐ".

◎ 옳고 그름 판단하기 ❌

1 中国的传统节日都是以阳历为准的。

Zhōngguó de chuántǒng jiérì dōu shì yǐ yánglì wéi zhǔn de.

☐

2 5月20日和5月21日是属于恋人的节日。

Wǔ yuè èrshí rì hé wǔ yuè èrshíyī rì shì shǔyú liànrén de jiérì.

☐

어법 익히기

겸어문

첫 번째 술어의 목적어가 두 번째 술어의 주어 역할을 겸하는 문장을 '겸어문'이라고 합니다.

1 주어 + 술어1 + 겸어 + 술어2 ——————————— 기본 문형

겸어는 술어1의 목적어이자 술어2의 주어입니다. 술어1에는 주로 사역의 의미를 가진 '让, 叫, 使' 등의 동사가 오며, '~에게 ~하게 하다'라는 의미를 나타냅니다. 이외에 '请, 要求' 등 요청의 의미를 가진 동사도 자주 쓰입니다.

> 예 他让我过来。 그가 나에게 오라고 해.
> Tā ràng wǒ guòlái.
>
> 今天的天气让人受不了。 오늘 날씨는 사람을 견딜 수 없게 해.
> Jīntiān de tiānqì ràng rén shòu bu liǎo.

① 첫 번째 술어로 쓰인 동사 뒤에는 동태조사 '了, 着, 过'가 올 수 없습니다.

② 첫 번째 술어로 쓰인 동사는 중첩할 수 없고, 두 번째 술어로 쓰인 동사는 중첩할 수 있습니다.

> 예 老师让我休息休息。 선생님께서 나에게 좀 쉬라고 해.
> Lǎoshī ràng wǒ xiūxi xiūxi.

부사어 + 술어1 + 겸어 + 술어2
술어1 + 겸어 + 부사어 + 술어2

일반적으로 부사어는 술어1 앞에 오지만, 의미에 따라 술어2 앞에 오기도 합니다.

예 我没让他买礼物。(부정부사)
　Wǒ méi ràng tā mǎi lǐwù.
　나는 그에게 선물을 사라고 하지 않았어.

　我想请大家说说自己的故事。(조동사)
　Wǒ xiǎng qǐng dàjiā shuōshuo zìjǐ de gùshi.
　저는 여러분에게 자신의 이야기를 해보라고 하고 싶어요.

　这个消息让妈妈非常高兴。(정도부사)
　Zhè ge xiāoxi ràng māma fēicháng gāoxìng.
　이 소식은 엄마를 매우 기쁘게 했어.

　我叫男朋友不要去网吧。(부정부사)
　Wǒ jiào nán péngyou búyào qù wǎngbā.
　나는 남자 친구에게 PC방에 가지 말라고 했어.

 단어

受不了 shòu bu liǎo 견딜 수 없다, 참을 수 없다 | 故事 gùshi 몡 이야기 | 网吧 wǎngbā 몡 PC방

듣기 연습하기

듣기 스크립트 p.180

TRACK 10-6

 녹음을 듣고 일치하는 그림을 고르세요.

1

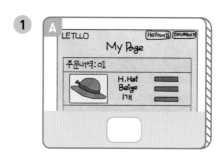

2

 녹음을 듣고 제시된 문장의 옳고 그름을 표시하세요.

1. 她买的大衣涨价了。
   Tā mǎi de dàyī zhǎng jià le.

2. 她选的商品人气很高。
   Tā xuǎn de shāngpǐn rénqì hěn gāo.

3. 双十二时，价格会更便宜。
   Shuāng shí'èr shí, jiàgé huì gèng piányi.

패턴 연습하기

1 '结果'를 사용하여 다음 문장을 완성하고 대화해보세요.

1 A 双十一如果不买点儿什么，就感觉亏了。
   Shuāng shíyī rúguǒ bù mǎi diǎnr shénme, jiù gǎnjué kuī le.

   B 确实! _____
   Quèshí! 내가 작년 10월에 외투를 한 벌 샀는데, 결국 솽스이에 가격이 떨어졌어.

2 A _____
   회사가 여러 은행에 대출을 신청했는데, 결국 모두 거절당했어.

   B 你们公司的信用太差了吧。
   Nǐmen gōngsī de xìnyòng tài chà le ba.

2 '让我看一下'를 사용하여 다음 문장을 완성하고 대화해보세요.

1 A 我的购物车里已经放了30多个订单了。
   Wǒ de gòuwùchē li yǐjīng fàng le sānshí duō ge dìngdān le.

   B 那么多! _____
   Nàme duō!   네 장바구니에 어떤 것들이 있는지 내게 한번 보여주라.

2 A _____
   네 상처 어떠한지 내게 한번 보여줘.

   B 已经好多了，不用担心。
   Yǐjīng hǎo duō le, bú yòng dān xīn.

3 '根本'을 사용하여 다음 문장을 완성하고 대화해보세요.

1 A 我买的是爆款，＿＿＿＿＿＿＿＿＿＿＿＿＿＿＿＿＿＿
　　　Wǒ mǎi de shì bàokuǎn,　평소에 이 가격으로는 아예 사지 못해.

　　B 这个口红我知道，最近网红都在卖。
　　　Zhè ge kǒuhóng wǒ zhīdao, zuìjìn wǎnghóng dōu zài mài.

2 A 如果我交完房租，房东却突然把房子卖了怎么办？
　　　Rúguǒ wǒ jiāo wán fángzū, fángdōng què tūrán bǎ fángzi mài le zěnmebàn?

　　B ＿＿＿＿＿＿＿＿＿＿＿＿＿＿＿＿＿＿＿＿＿＿＿＿＿＿
　　　그런 상황은 발생할 가능성이 전혀 없어.

4 '겸어문'을 사용하여 다음 문장을 완성하고 읽어보세요.

1 ＿＿＿＿＿＿＿＿＿＿＿＿＿＿＿＿＿＿＿＿＿＿＿＿＿＿
　　오늘 날씨는 사람을 견딜 수 없게 해.

2 ＿＿＿＿＿＿＿＿＿＿＿＿＿＿＿＿＿＿＿＿＿＿＿＿＿＿
　　나는 그에게 선물을 사라고 하지 않았어.

3 ＿＿＿＿＿＿＿＿＿＿＿＿＿＿＿＿＿＿＿＿＿＿＿＿＿＿
　　이 소식은 엄마를 매우 기쁘게 했어.

단어

信用 xìnyòng 명 신용 ┃ 差 chà 형 좋지 않다, 표준에 못 미치다 ┃ 担心 dān xīn 동 걱정하다 ┃ 交 jiāo 동 내다, 제출하다 ┃ 房租 fángzū 명 집세, 임대료 ┃ 房东 fángdōng 명 집주인 ┃ 却 què 부 전환을 나타냄

생각 표현하기

모범 답안 p.178

 다음 그림과 주어진 단어를 참고하여 이야기를 만들어보세요.

情人节 Qíngrénjié
고유 밸런타인데이

巧克力 qiǎokèlì
명 초콜릿

浪漫 làngmàn
형 낭만적이다, 로맨틱하다

糖果 tángguǒ
명 사탕

쓰기 연습하기

 주어진 어휘를 어순에 맞게 배열하세요.

1
已经　　　现在网上　　　了　　　预售　　　开始
yǐjīng　　xiànzài wǎngshàng　　le　　yùshòu　　kāishǐ

➡ _____

지금 온라인에서 이미 사전 판매를 시작했어.

2
你的购物车里　　看一下　　有什么　　让我　　都
nǐ de gòuwùchē li　　kàn yíxià　　yǒu shénme　　ràng wǒ　　dōu

➡ _____

네 장바구니에 어떤 것들이 있는지 내게 한번 보여주라.

3
准时　　得　　下单　　零点　　在11月11号
zhǔnshí　　děi　　xià dān　　língdiǎn　　zài shíyī yuè shíyī hào

➡ _____

11월 11일 0시 정각에 주문해야 해.

4
再　　几天　　我　　等　　让
zài　　jǐ tiān　　wǒ　　děng　　ràng

➡ _____

내게 며칠만 더 기다리래.

번역 해보기

 1 다음 중국어 문장을 한국어로 번역하세요.

1 双十一如果不买点儿什么，就感觉亏了。
Shuāng shíyī rúguǒ bù mǎi diǎnr shénme, jiù gǎnjué kuī le.

➡ _____

2 还有好几个没到货呢，卖家说在补货。
Hái yǒu hǎojǐ ge méi dào huò ne, màijiā shuō zài bǔ huò.

➡ _____

3 我本来看上一个限量版手机壳，但是没抢到。
Wǒ běnlái kàn shàng yí ge xiànliàngbǎn shǒujīké, dànshì méi qiǎng dào.

➡ _____

2 다음 한국어 문장을 중국어로 번역하세요.

1 내 장바구니에는 이미 30개가 넘는 주문 내역이 담겨있어.

➡ _____

2 네 택배가 산더미야!

➡ _____

3 나는 남자 친구에게 PC방에 가지 말라고 했어.

➡ _____ 겸어문

단어 PLUS

 중국의 신조어를 익혀보세요.

杠精 gàngjīng
프로불편러,
타인의 의견에 반대만 하는 사람

佛系
fóxì
모든 일에 덤덤한 생활 태도

上班996
shàng bān jiǔ jiǔ liù
9시 출근, 9시 퇴근, 주 6일 근무

亲情价 qīnqíngjià
최저가, 부모님에게 말씀드리는
최대한 저렴한 가격

暴风哭泣
bàofēng kūqì
폭풍 눈물

黑粉
hēifěn
안티팬

부록

UNIT 01 社交网络

📍 단문

1 O
2 X

📍 듣기 연습하기

1-① B
1-② A

2-① O
2-② X
2-③ X

📍 패턴 연습하기

1-① 你怎么不好好儿吃饭?
1-② 儿子怎么不睡觉呢?

2-① 你最近对网络社交上瘾了吧?
2-② 你弟弟最近对新出的游戏上瘾了吧?

3-① 我只不过说说而已。
3-② 我只是假装不知道而已。

4-① 那些照片确实拍得很美。
4-② 这个包子好吃极了!

📍 생각 표현하기

我和男朋友好久没有约会了，今天终于见面了。我们一起看了电影，还吃了不少美食。回家的路上，我在SNS上分享了今天约会的照片。很多朋友给我点赞，还有人留言说我和男朋友很配。

나는 남자 친구와 오랫동안 데이트를 하지 않다가 오늘 드디어 만났다. 우리는 함께 영화를 보고, 맛있는 음식도 많이 먹었다. 집에 가는 길에 오늘 데이트하며 찍은 사진을 SNS에 공유하였다. 많은 친구들이 '좋아요'를 눌러주었고, 어떤 친구는 나와 남자 친구가 잘 어울린다고 댓글도 남겼다.

📍 쓰기 연습하기

① 有人评论了我的照片。
② 你不会要变成网红了吧?
③ 真正的网红粉丝多得不得了。
④ 你现在有多少个粉丝?

📍 번역 해보기

1-① 지난번에 네이멍구로 여행 가서 찍은 사진이야.
1-② 지금 조회수가 1만을 넘었어.
1-③ 나는 이미 지칠 대로 지쳤어.

2-① 她激动得哭了。
2-② 妈妈昨晚休息得不好。
2-③ 哥哥（弹）吉他弹得非常好。

UNIT 02 大学生活

📍 단문

1 X
2 O

📍 듣기 연습하기

1-① B
1-② A

2-① X
2-② O
2-③ X

패턴 연습하기

1-① 我点了好几次都没选上。

1-② 我看了好几遍都没看懂。

2-① 除了上课，你还得忙学生会的事情吧？

2-② 除了火锅，你还想吃什么中国菜？

3-① 要不你介绍他去吧！

3-② 要不打车回家吧！

4-① 以前的学生给我打了两遍电话。

4-② 我去过那儿两次

생각 표현하기

今天是开学第一天。我和室友一起去教室上课了。这学期有一门新课。给我们上课的是一名年轻的男教授。他非常幽默，课堂气氛很好。大家都很喜欢他。我非常期待这个新学期！

오늘은 개학 첫 날이다. 나는 룸메이트와 함께 수업을 들으러 교실에 갔다. 이번 학기에 새로운 수업이 생겼는데, 우리에게 수업해주신 분은 젊은 남자 교수님이었다. 그는 매우 유머러스해서 수업 분위기가 좋았다. 모두가 그를 아주 좋아한다. 나는 이번 새 학기가 매우 기대된다!

쓰기 연습하기

① 你这学期的课一共多少学分？

② 我都不好意思拒绝了。

③ 我和他一次也没见过。

④ 哥哥去年去了非洲一趟。

번역 해보기

1-① 나는 유 교수님의 온라인 마케팅 수업을 쟁취했어.

1-② 너 손 진짜 빠르다!

1-③ 나는 어제 세 차례 왔다 갔는데, 그는 줄곧 없었어.

2-① 我特别幸运。

2-② 这学期我要写论文，没有空儿。

2-③ 我听说李明在找兼职。

UNIT 03 体育运动

단문

1 X

2 O

듣기 연습하기

1-① A

1-② B

2-① O

2-② X

2-③ X

패턴 연습하기

1-① 新的一年就要开始了。

1-② 假期就要结束了。

2-① 我对开幕式不感兴趣

2-② 我对任何事情都没有兴趣

3-① 我从小就喜欢各种冰上运动。

3-② 我妹妹从小就怕猫。

4-① 我学了两年速滑

4-② 他们来中国一个多月了。

🔵 생각 표현하기

上周末天气很晴朗。我和几个朋友一起去骑自行车了。我们在公园集合后，定了目的地，然后就出发了。中途我们休息了一会儿，分享了各自带来的零食。等到达目的地的时候，天已经黑了。

지난 주말에 날씨가 화창하여 나는 몇몇 친구들과 함께 자전거를 타러 갔다. 우리는 공원에서 모인 후 목적지를 정하고 출발하였다. 도중에 우리는 잠시 쉬면서 각자 챙겨 온 간식을 함께 나누었다. 목적지에 도착했을 때 날은 이미 저물었다.

🔵 쓰기 연습하기

① 场面肯定很壮观。
② 冰壶是欧洲国家的强项。
③ 我听了半个小时的音乐。
④ 老师教了我们三年了。

🔵 번역 해보기

1-① 내가 좋아하는 선수가 이번 올림픽에 참가해.
1-② 올림픽에 이런 종목이 있어?
1-③ 이번에는 아시아 국가가 금메달을 땄으면 좋겠어.

2-① 过几天冬奥会就要开幕了。
2-② 这几年亚洲的冰壶队成绩也不错。
2-③ 我一天都没休息。

UNIT 04 校外教育

🔵 단문

1 O
2 X

🔵 듣기 연습하기

1-① A
1-② B

2-① X
2-② O
2-③ X

🔵 패턴 연습하기

1-① 你怎么起得这么早？
1-② 你怎么来得这么晚？

2-① 你才上高一就这么拼啦！
2-② 谈恋爱才一个多月就分手了。

3-① 很多孩子去补习班并不是自愿的
3-② 金钱并不是人生的全部。

4-① 如果考不上大学的话
4-② 找工作时更拿得出手。
4-③ 我一个人吃不了。

🔵 생각 표현하기

我是一名高三学生。我的一天是这样度过的。早上7点上学，下午6点放学。快速吃完晚饭后，先去数学补习班，然后再去英语补习班。补课结束以后，我会去读书室自习。一般凌晨两点回家。我的每一天都很忙碌，也很充实。

나는 고3 학생이다. 나의 하루는 이렇게 지나간다. 아침 7시에 등교하여 오후 6시에 하교한다. 빠르게 저녁밥을 먹은 후, 먼저 수학 학원에 갔다가 그 다음으로 영어 학원에 간다. 학원 수업이 끝나면 나는 독서실에 가서 자습을 한다. 보통 새벽 2시에 집에 간다. 나의 매일매일은 분주하고도 알차다.

🔖 쓰기 연습하기

① 我已经报了各种补习班。
② 社会竞争太热烈了。
③ 现在买得到火车票吗?
④ 我突然想不起来他的名字。

🔖 번역 해보기

1-① 학교 다니는 것보다 방학이 더 바빠!
1-② 부모님들은 아이가 출발선에서부터 뒤처지기를 원치 않으시는 거지.
1-③ 부모님은 아이가 관심 없는 것들을 배우라고 강요해서는 안 돼.

2-① 就算学历不高,但是能做自己热爱的事业,也是成功的人生。
2-② 父母应该给他们选择的空间。
2-③ 我听不懂他的话。

UNIT 05 大学生就业

🔖 단문

1 X
2 O

🔖 듣기 연습하기

1-① B
1-② A

2-① O
2-② X
2-③ O

🔖 패턴 연습하기

1-① 一点儿消息都没有。
1-② 我一点儿信心都没有。

2-① 打了好几次电话才打通!
2-② 在商场逛了一整天,才买到喜欢的鞋子!

3-① 我想投一投实习生岗位。
3-② 我想试一试这件衣服。

4-① 你怎么比以前瘦了那么多?
4-② 哈尔滨比上海冷得多。

🔖 생각 표현하기

他今天去一家广告公司面试了。现场一共有3名面试官。当他做完自我介绍后,面试官就用英语开始提问。他虽然很紧张,但是回答得很流畅。面试官说下周会通知他面试结果。

그는 오늘 한 광고 회사에 면접을 보러 갔다. 현장에는 총 3명의 면접관이 있었다. 그가 자기소개를 마치자 면접관은 영어로 질문하기 시작했다. 그는 비록 긴장했지만 유창하게 대답했다. 면접관이 다음 주에 그에게 면접 결과를 통보할 것이라고 말했다.

🔖 쓰기 연습하기

① 应该比正式员工容易一些。
② 实习生以后也能转正吧?
③ 别给自己太大压力。

④ 今天没有昨天那么凉快。

📍 번역 해보기

1-① 보통 1년 수습 기간 거치고 평가한 후에 통과하면 정직원으로 전환될 수 있어.

1-② 네 학사 전공 학력이 확실히 취업하기에 좋지 않기는 하지.

1-③ 올해 판매량은 작년보다 두 배 증가했어.

2-① 我打算专心考研。

2-② 大学老师的工作挺稳定的。

2-③ 我的个子比他更高。

UNIT 06 手机支付

📍 단문

1　X

2　X

📍 듣기 연습하기

1-① B

1-② A

2-① O

2-② O

2-③ X

📍 패턴 연습하기

1-① 咱们周末去哪儿烧烤啊？

1-② 你们周末去哪儿约会啊？

2-① 我还以为得用现金呢！

2-② 我还以为会迟到呢！

3-① 恐怕很难打到车。

3-② 我很久没上台唱歌了，恐怕会紧张。

4-① 墙上贴着二维码

4-② 学校来了一位新老师

4-③ 上个星期走了一个中国留学生

📍 생각 표현하기

我出门几乎不带钱包，因为很少有机会用现金和卡。现在不管去哪里消费，都可以用手机支付。所以，只要带上手机就可以了。购物变得越来越方便了。

나는 외출할 때 지갑을 거의 챙기지 않는다. 왜냐하면 현금과 카드를 쓸 기회가 적기 때문이다. 요즘은 어디에 가서 소비하든지 모바일 결제가 가능하다. 그래서 휴대 전화만 챙기면 된다. 물건을 사는 게 점점 더 편리해지고 있다.

📍 쓰기 연습하기

① 到时候咱俩去市场买点儿吧。

② 你用微信扫二维码付款就行。

③ 桌子上放着一瓶可乐。

④ 两年前建了很多新商场。

📍 번역 해보기

1-① 그곳에서 바비큐 도구도 제공해준대.

1-② 내 앱은 알리페이와 연동되어 있어서 하차할 때 자동으로 결제돼.

1-③ 책장에 책 몇 권이 없어졌어.

2-① 明天下大雪，恐怕飞机会晚点。

2-② 我刚才已经用手机APP叫了一辆车。

2-③ 阳台上飞来了一只鸟。

📍 단문

1 O
2 X

📍 듣기 연습하기

1-① A
1-② A

2-① O
2-② X
2-③ X

📍 패턴 연습하기

1-① 难道你就不能做点儿饭吗?
1-② 难道没有更好的办法了吗?

2-① 外卖APP就是专门为你这种懒人设计的!
2-② 这套婚纱就是专门为你定制的。

3-① 你到底想不想吃?
3-② 她到底爱不爱你?

4-① 我们不是已经约好了吗?
4-② 我哪有时间啊!
4-③ 我怎么能相信他呢?

📍 생각 표현하기

这周末是我的生日，我想邀请朋友们来我家吃晚饭。可是我觉得在家做饭太麻烦，所以打算点外卖。朋友们觉得这是个好主意，每个人都可以点自己喜欢吃的美食。真是太期待周末的聚会了!

이번 주말이 내 생일이라 나는 친구들을 우리 집으로 초대해 저녁 식사를 하고 싶었다. 하지만 집에서 음식을 준비하는 게 너무 번거로워서 배달 음식을 시키기로 했다. 각자 자신이 먹고 싶은 음식을 주문할 수 있어서 친구들도 좋은 생각이라고 했다. 주말의 모임이 정말 기대된다!

📍 쓰기 연습하기

① 现在哪有送不了外卖的餐厅啊!
② 我想多放点儿干豆腐。
③ 这不是你的手机吗?
④ 难道你一直不知道吗?

📍 번역 해보기

1-① 집에 먹을 거 떨어졌어.
1-② 우리 자주 가는 그 마라샹궈집은 배달 가능해?
1-③ 앱으로 직접 재료를 고를 수 있고, 매운 정도도 선택할 수 있어.

2-① 点外卖多方便啊，还不用洗碗。
2-② 那要怎么选菜呢?
2-③ 弟弟考上了名牌大学，我怎么能不高兴呢?

📍 단문

1 X
2 O

📍 듣기 연습하기

1-① B
1-② A

2-① X
2-② X
2-③ O

패턴 연습하기

1-① 咱们今天终于要去领证啦！
1-② 北京今天终于下雪啦！

2-① 需要的证件都带了吗？
2-② 剩下的饼干都吃了吗？

3-① 两边的眉毛好像画得不太一样。
3-② 你的心情好像不太好。

4-① 我把那张照片扔了。
4-② 我没把雨伞带来。
4-③ 我想把客厅打扫一下。

생각 표현하기

我的闺蜜今天举行婚礼。她穿着婚纱的样子美极了。婚礼结束后，她就和丈夫一起去度蜜月了。他们旅行的目的地是马尔代夫。希望他们的蜜月旅行一切顺利。也希望我的闺蜜一生幸福。

나의 소울메이트가 오늘 결혼식을 올렸다. 그녀가 웨딩 드레스를 입고 있는 모습은 정말 아름다웠다. 결혼식이 끝난 후 그녀는 남편과 함께 신혼여행을 갔다. 그들 여행의 목적지는 몰디브라고 한다. 그들의 신혼 여행 전 일정이 순조롭기를 바라며, 나의 소울메이트가 평생 행복하기를 바란다.

쓰기 연습하기

① 你得把护照拿着。
② 我对这个称呼有点儿不习惯。
③ 把那本书递给我。

④ 咱们把这个问题研究研究。

번역 해보기

1-① 결혼증서는 평생 쓰는 거잖아!
1-② 닭살 돋아!
1-③ 당신도 나를 여보라고 불러봐!

2-① 我们什么时候办婚礼呀？
2-② 你把这个消息告诉他吧。
2-③ 妈妈已经把饭做好了。

UNIT 09 新零售

단문

1 O
2 X

듣기 연습하기

1-① A
1-② A

2-① X
2-② O
2-③ O

패턴 연습하기

1-① 冰箱里的蔬菜怎么都没了？
1-② 附近的诊所怎么都关门了？

2-① 我正好想逛逛新开的那家超市。
2-② 我正好找你有事。

3-① 这家超市的蔬菜相当新鲜
3-② 今天的阳光相当好。

4-① 我的牙膏被同事借走了。

4–② 他们被骗了。

4–③ 我从来没有被小狗咬过。

생각 표현하기

上周末，我们全家去附近新开的超市逛了一圈。服务员说用APP下单可以送货上门。我们看到想买的东西，就扫一下商品上的条形码，手机里会出现商品信息。然后把商品放到APP的购物车里，结账后超市就会为我们备货了。我们到家的时候，超市已经把东西送到家门口了！

지난 주말에 우리 가족은 근처에 새로 연 마트에 가서 한 바퀴 구경하였다. 종업원이 말하길 앱으로 주문하면 상품을 집까지 배송해준다고 했다. 우리가 사고 싶은 제품의 바코드를 스캔하면 휴대 전화에 제품 정보가 나타난다. 그리고 나서 제품을 앱의 장바구니에 담고 결제하면 마트에서는 우리를 위해 제품을 준비한다. 우리가 집에 도착했을 때 마트에서는 이미 물건을 집 앞까지 배송해놓았다!

쓰기 연습하기

① 那些菜被我扔了。

② 扫这个条形码可以看到产地信息。

③ 我被老师表扬过。

④ 我的签证申请被拒绝了。

번역 해보기

1–① 많은 것들이 당일에 생산지에서 바로 운송되어 오거든.

1–② 어떤 사람이 해산물을 먹고 있어. 여기서 조리할 수 있어?

1–③ 당신 말에 배고파졌어.

2–① 听说口感一流。

2–② 我的钱包被小偷偷了。

2–③ 他可能被领导批评了。

UNIT 10 节日

단문

1 X

2 O

듣기 연습하기

1–① B

1–② B

2–① X

2–② O

2–③ X

패턴 연습하기

1–① 我去年10月份买了一件大衣，结果双十一降价了。

1–② 公司向好几家银行申请了贷款，结果都被拒绝了。

2–① 让我看一下你的购物车里都有什么。

2–② 让我看一下你的伤口怎么样了。

3–① 平时这个价格根本买不到。

3–② 那种情况根本不可能发生。

4–① 今天的天气让人受不了。

4–② 我没让他买礼物。

4–③ 这个消息让妈妈非常高兴。

생각 표현하기

在韩国，2月14日情人节时，女生会送男生巧克力。而3月14日（白色情人节时），男生会送女生糖果。每当这两个节日到来前，很多商家都会在店门口摆满各种各样的零食。在这两个节日的时候，会有很多情侣约会。他们一般会去看电影、吃美食，度过浪漫的一天。

한국에서는 2월 14일 밸런타인데이에 여자가 남자에게 초콜릿을 준다. 그리고 3월 14일(화이트데이)에는 남자가 여자에게 사탕을 준다. 매번 이 두 기념일이 오기 전에 많은 상인들이 가게 문 앞에 각양각색의 간식거리를 가득 펼쳐놓는다. 이 두 기념일에는 많은 커플이 데이트를 하곤 하는데, 그들은 보통 영화를 보고 맛있는 음식을 먹으며 로맨틱한 하루를 보낸다.

쓰기 연습하기

① 现在网上已经开始预售了。
② 让我看一下你的购物车里都有什么。
③ 得在11月11号零点准时下单。
④ 让我再等几天。

번역 해보기

1-① 만약 쌍스이에 뭘 좀 사지 않으면 손해 보는 느낌이야.
1-② 아직 도착하지 않은 물건도 꽤 있어. 판매자가 말하길 재입고 중이래.
1-③ 나는 원래 한정판 휴대 전화 케이스를 봐 뒀는데, 쟁취하지 못했어.

2-① 我的购物车里已经放了30多个订单了。
2-② 你的快递都堆成山啦！
2-③ 我叫男朋友不要去网吧。

듣기 스크립트

UNIT 01 社交网络

1-① 男：佳琪，你怎么一直看手机呀？
　　女：有人评论了我的照片，我得回复一下。
1-② 男：你现在有多少个粉丝？
　　女：我只有2000多个粉丝。

2-① 我就是发了上次去内蒙古旅行的照片。
2-② 现在点击率超过1万了，已经有100多个人点赞了。
2-③ 真正的网红粉丝多得不得了。

UNIT 02 大学生活

1-① 男：你这学期的课一共多少学分？
　　女：现在是20学分，够了。
1-② 女：你这学期还做家教吗？
　　男：我不想做了。

2-① 我抢到了刘教授的网络营销课。
2-② 我最近在准备迎新晚会。
2-③ 我听说李明在找兼职，要不你介绍他去吧！

UNIT 03 体育运动

1-① 女：你最喜欢看什么项目？
　　男：短道速滑。
1-② 女：你学过冰上运动吗？
　　男：学过，我学过冰壶。

2-① 听说今年开幕式会有无人机表演。
2-② 我从小就喜欢各种冰上运动。
2-③ 冰壶是欧洲国家的强项。

UNIT 04 校外教育

1-① 女：你不是放假了吗？怎么起得这么早？
　　男：别提了，放假比上学还忙呢！
1-② 女：你才上高一就这么拼啦！
　　男：这算什么！我们补习班还有很多初中生呢！

2-① 很多孩子去补习班并不是自愿的。
2-② 有大学文凭，以后找工作时更拿得出手。
2-③ 就算学历不高，但是能做自己热爱的事业，也是成功的人生。

UNIT 05 大学生就业

1-① 女：你怎么比以前瘦了那么多？在减肥吗？
　　男：不是，我最近没有胃口。
1-② 男：你不打算找工作了吗？
　　女：嗯，我打算专心考研。

2-① 投出去的简历一点儿消息都没有。
2-② 我想投一投实习生岗位，应该比正式员工容易一些。
2-③ 我以后想留在大学里教书。

UNIT 06 手机支付

1-① 男：咱们周末去哪儿烧烤啊？
　　女：学校附近新开了一家露营场。
1-② 男：打车也可以用微信支付吗？
　　女：当然可以。

2-① 男：菜和肉什么的也提供吗？

　　女：吃的得自己带。

2-② 都买完了，东西太多，咱们打车回家吧。

2-③ 我刚才已经用手机APP叫了一辆车。

UNIT 07　外卖文化

1-① 男：家里有什么吃的吗？

　　女：家里没有吃的了。

1-② 男：我们经常去的那家麻辣香锅店可以送外卖吗？

　　女：现在哪有送不了外卖的餐厅啊！

2-① 点外卖多方便啊，还不用洗碗。

2-② 我想多放点儿干豆腐，不要香菜。

2-③ 我下单了，已经付款了。待会儿你接一下外卖吧。

UNIT 08　结婚文化

1-① 女：需要的证件都带了吗？

　　男：户口本、身份证都带了。

1-② 女：我们什么时候办婚礼呀？得选个好日子！

　　男：别转移话题。

2-① 你看一下我化的妆，两边的眉毛好像画得不太一样。

2-② 赶紧去民政局吧。去晚了，要排队等很久。

2-③ 老婆！把结婚证再给我看看。

UNIT 09　新零售

1-① 男：老婆，冰箱里的蔬菜怎么都没了？

　　女：那些菜被我扔了。

1-② 女：那家超市能送货上门吗？

　　男：能。咱家离这儿比较近，用APP下单后半小时就能送到。

2-① 我正好想逛逛新开的那家超市。

2-② 很多东西是当天从产地直接运来的。

2-③ 在这里买的海鲜可以现场做、现场吃。

UNIT 10　节日

1-① 男：快到双十一了，你这次也要剁手吗？

　　女：当然！

1-② 女：我本来看上一个限量版手机壳，但是没抢到。

　　男：太可惜了。

2-① 我去年10月份买了一件大衣，结果双十一降价了。

2-② 我选的都是爆款，平时这个价格根本买不到。

2-③ 估计双十二还会有优惠，只是不会那么便宜了。

본문 해석

UNIT 01   社交网络

가오페이 쟈치, 너는 왜 밥을 잘 안 먹고, 계속 휴대 전화만 보는 거야?

류쟈치 어떤 사람이 내 사진에 댓글을 달아서 나도 답글을 달아야 해.

가오페이 너 요즘 SNS에 중독됐구나?

류쟈치 그렇게 심하지는 않아! 나는 단지 친구들과 공유하는 것뿐이야.

가오페이 네가 무슨 좋은 걸 올린 건지 나도 한번 봐야지.

류쟈치 지난번에 네이멍구로 여행 가서 찍은 사진이야. 너도 어서 '좋아요' 눌러줘.

가오페이 아, 그 사진들 정말 아름답게 찍었어. 조회수가 어때?

류쟈치 지금 조회수가 1만을 넘었어. 이미 100명 넘는 사람들이 '좋아요'를 눌렀고, 팔로워도 좀 늘었어.

가오페이 와, 너 왕홍이 되려는 건 아니지?

류쟈치 놀리지 마. 진정한 왕홍은 팔로워가 굉장히 많아. 적어도 10여만은 있어야 해.

가오페이 그럼 너는 지금 팔로워가 얼마나 있어?

류쟈치 나는 고작 팔로워가 2000명 좀 넘게 있어. 아직은 새내기야.

SNS 플랫폼

오늘날, 사람들은 SNS에 자신의 일상 혹은 자신이 관심 있는 것들을 수시로 공유한다. 예를 들어 풍경과 맛있는 음식을 찍어 자신의 SNS에 올린다. 이 콘텐츠를 좋아하는 사람들은 '좋아요'를 누르거나 댓글을 남기곤 한다.

SNS는 비록 사람들이 교류하기에 비교적 편리하지만, 일부 부정적인 영향도 존재한다. 예를 들어 말하자면, 어떤 이들은 인터넷에 과도하게 깊이 빠져 현실 생활을 소홀히 한다. 또 많은 사람들이 지나치게 타인의 시선을 신경 쓰다가 자신을 잃어버린다. 그렇기에 우리는 이성적으로 SNS를 대해야 한다.

UNIT 02   大学生活

가오페이 쟈치, 너 새 학기 수강 신청 다 했어?

류쟈치 다 신청했어. 그런데 내가 좋아하는 교양 과목을 쟁취하지 못했어. 너는?

가오페이 나는 아주 운이 좋게 유 교수님의 온라인 마케팅 수업을 쟁취했어.

류쟈치 너 손 진짜 빠르다! 나는 여러 번 클릭했는데도 신청하지 못했어.

가오페이 그럼 너 이번 학기 수업이 총 몇 학점이야?

류쟈치 지금 20학점이야, 충분해.

가오페이 너는 수업 외에 학생회 일로도 바쁘지?

류쟈치 응! 요즘 신입 환영회 준비하고 있어. 너는? 이번 학기에도 과외 할 거야?

가오페이 나는 하고 싶지 않은데, 예전 학생이 내게 두 번 전화를 했어. 거절하기 난처하더라고.

류쟈치 그럼 계속해서 가르치면 되잖아! 생활비도 좀 벌 수 있고.

가오페이 하지만 이번 학기에 논문을 써야 해서 여유가 없어.

류쟈치 이렇게 하자! 내가 듣기로는 리밍이 아르바이트를 구하고 있는데, 아니면 네가 그에게 가라고 소개해줘!

교내 국제 문화제

오늘 우리 학교는 제13회 국제 문화제를 개최했다. 이번 문화제를 위해 모두가 한 달 남짓 준비하였다.

우리는 오늘 이른 아침에 운동장에 도착했다. 점심 때 각국의 부스가 다 설치되었다. 세계 각지에서 온 유학생들은 본국의 의상을 입고 관객들에게 현지 음식을 나누어 주었다. 오후의 문예 공연은 아주 훌륭했다. 각 나라의 유학생들이 본국의 문화 특색을 살린 프로그램을 공연하였다.

오늘 행사를 통해 나는 많은 사람이 한국 문화에 관심 있다는 것을 알았다. 우리가 그전에 한 준비는 아주 가치 있었다. 오늘은 정말 수확이 가득한 하루다!

UNIT 03　体育运动

가오페이　며칠 후면 동계 올림픽이 곧 개막해. 정말 기대된다!

류쟈치　듣자 하니 올해 개막식은 드론 공연이 있을 거래. 틀림없이 장면이 웅장할 거야.

가오페이　나는 개막식에 관심 없어. 나는 주로 경기를 봐.

류쟈치　너는 어떤 종목을 가장 좋아해?

가오페이　쇼트트랙. 내가 좋아하는 선수가 이번 올림픽에 참가해. 나는 4년을 기다렸다고!

류쟈치　스피드 스케이팅 아주 자극적이지. 특히 릴레이 경기는 선수에게 있어 큰 시험이야.

가오페이　맞아. 게다가 아주 멋져! 나는 어릴 때부터 각종 빙상 스포츠를 좋아했어.

류쟈치　그래? 그럼 너는 빙상 스포츠를 배운 적이 있어?

가오페이　배운 적 있지. 스피드 스케이팅을 2년 배웠고, 컬링도 배웠어.

류쟈치　컬링이 뭐야? 올림픽에 이런 종목이 있어?

가오페이　있어. 하지만 올림픽에 채택된 기간은 길지 않아. 사실 컬링은 유럽에서의 역사가 길어서 유럽 국가의 우세 종목이기도 해. 그런데 최근 몇 년간 아시아 컬링 팀 성적도 좋아. 이번에는 아시아 국가가 금메달을 땄으면 좋겠어.

중국의 탁구

탁구는 중국을 대표하는 구기 종목이다. 중국의 공원이나 학교 안에서 탁구대를 비교적 흔하게 볼 수 있다. 이는 탁구가 중국에서 아주 잘 보급되어 있다는 것을 증명한다.

중국의 많은 일반 국민이 탁구를 칠 줄 알고, 심지어 많은 어린아이들도 칠 줄 안다. 아마 중국 사람들이 탁구를 특히 좋아하기 때문에 우수한 탁구 선수들이 그렇게 많은 것일지 모른다. 이렇기에 중국 탁구 팀이 국제 경기에서 늘 금메달을 따는 것을 탓할 수도 없다. 이러한 이유로 일부 국가에서는 중국의 탁구를 넘기 힘든 만리장성이라고 칭한다.

UNIT 04　校外教育

류쟈치　쟈양, 너 방학한 거 아니야? 왜 이렇게 일찍 일어났어?

류쟈양　말도 마, 학교 다니는 것보다 방학이 더 바빠! 나 오늘 학원 세 군데 가야 해.

류쟈치　너 겨우 고1인데 이렇게 필사적이라니!

류쟈양 이게 뭐라고! 우리 학원에 중학생도 많이 있어!

류쟈치 하긴. 이웃집 아이도 겨우 초등학생인데 벌써 각종 학원에 등록했더라.

류쟈양 사실 많은 아이들이 학원에 가는 게 결코 스스로 원한 것이 아니라, 다 부모님이 강요한 거야.

류쟈치 사회 경쟁이 너무 치열하니까 부모님들은 아이가 출발선에서부터 뒤처지기를 원치 않으시는 거지.

류쟈양 누나, 만약 대학에 합격하지 못한다면, 인생은 실패한 거야?

류쟈치 그렇다고는 할 수 없지. 그런데 대학교 졸업장이 있으면 나중에 일자리를 구할 때 더 내세울 만해.

류쟈양 하지만 나는 학력이 가장 중요하다고 생각하지 않아. 많은 성공 인사가 대학도 졸업하지 않았다고.

류쟈치 맞아. 설령 학력이 높지 않더라도 자신이 좋아하는 일을 할 수 있다면 그 역시 성공한 인생이지.

류쟈양 그래서 부모님은 아이가 관심 없는 것들을 배우라고 강요하면 안 되고, 그들에게 선택의 여지를 줘야 해.

중국의 수능

'가오카오'는 중국의 대학 입학 시험을 의미한다. 매년 6월 7일과 8일이 중국의 수능날이다. 국어, 수학, 영어는 문과와 이과 공통의 시험 과목이다.

'가오카오' 성적은 수험생이 어느 대학에 갈 수 있는지를 결정하고, 취업에도 영향을 미치기 때문에 절반에 가까운 중국 초·중학생이 학원에 다닌다. 비교적 특이한 점은 중국의 수능은 전국이 똑같은 시험지를 사용하지 않는다는 것인데, 어떤 성

(省)은 단독으로 출제한다. 또한 각 대학에서 수험생을 뽑을 때 성(省)마다 합격 커트라인도 차이가 있다.

UNIT 05 大学生就业

류쟈치 가오페이, 너 어째 예전보다 살이 많이 빠졌네? 다이어트하는 중이야?

가오페이 아니야. 나 취업이 그다지 순조롭지 않아서, 입맛이 없어. 지원한 이력서는 소식이 하나도 없고.

류쟈치 낙담하지 말고, 더 기다려봐. 듣자 하니 많은 사람들이 몇 십 통의 이력서를 넣은 후에야 비로소 면접 기회를 얻는대!

가오페이 응, 나는 인턴 직무에 지원해보고 싶어. 아마 정직원보다 좀 더 수월할 거야.

류쟈치 그것도 방법이지. 인턴도 나중에 정직원으로 전환될 수 있지?

가오페이 보통 1년 수습 기간 거치고 평가한 후에 통과하면 정직원으로 전환될 수 있어.

류쟈치 자신에게 너무 많은 스트레스를 주지마. 취업은 조급하면 안 돼.

가오페이 알겠어. 너는? 정말 취직하지 않을 계획이야?

류쟈치 응. 나는 대학원 응시에 전념할 계획이야.

가오페이 네 학사 전공 학력이 확실히 취업하기에 좋지 않기는 하지.

류쟈치 맞아. 게다가 나는 앞으로 대학교에 남아서 가르치고 싶거든. 반드시 대학원에 진학해야 해.

가오페이 대학교 선생님이라는 직업이 아주 안정적이기는 해. 우리 같이 힘내자!

대학생의 취업 현황

오늘날 취업이 해마다 어려워지고 있어, 대학생의 취업 문제는 이미 사람들이 보편적으로 중시하는 사회 문제가 되었다. 많은 졸업생이 농담으로 졸업하자마자 실업에 직면한다고 말한다.

일자리를 구하기는 쉽지 않고, 좋은 일자리를 구하는 건 더 어렵다. 사회에는 취업을 준비하는 청년이 점점 더 많아졌고, 많은 젊은이들이 어쩔 수 없이 부모님에게 경제적으로 기대어 산다. 그래서 잠시 취업하지 않기로 하고, 계속해서 대학원에 진학하는 학생들도 점점 많아지고 있다.

이 밖에도 마윈, 마화텅 등 저명한 기업가의 영향을 받아 많은 청년이 스스로 창업하기를 갈망하고 있다.

UNIT 06　手机支付

혜민　쟈치, 우리 주말에 어디로 가서 바비큐 해?

류쟈치　학교 근처에 야영장이 새로 오픈했어. 그곳에서 바비큐 도구도 제공해준대.

혜민　좋네. 그럼 채소와 고기 같은 것도 제공해줘?

류쟈치　먹을 건 우리가 챙겨야 해. 그때 되면 우리 둘이 시장에 가서 좀 사자.

(시장)

류쟈치　사장님, 이 재료들 총 얼마예요?

사장　총 55위안이에요. 벽에 QR코드가 붙여져 있으니, 위챗으로 QR코드를 스캔해서 돈을 지불하면 됩니다.

혜민　시장에서도 위챗 페이를 쓸 수 있어? 나는 또 현금을 써야 하는 줄 알았네!

류쟈치　요즘 누가 아직도 현금을 쓰니. 다 샀네.

짐이 너무 많으니까 우리 택시 타고 집에 가자.

혜민　하지만 지금 퇴근 시간이라 아마 택시 잡기 어려울 거야.

류쟈치　걱정 마. 내가 이미 방금 휴대 전화 앱으로 차 한 대 호출했어.

혜민　나는 전혀 몰랐어. 택시 타도 위챗페이를 쓸 수 있어?

류쟈치　당연히 가능하지. 근데 내 앱은 알리페이와 연동되어 있어서 하차할 때 자동으로 결제돼.

간편한 모바일 결제

모바일 결제 분야에서 중국은 전 세계적으로 선두 자리를 차지하고 있다고 할 수 있다.

중국에서 모바일 결제는 매우 보편적이다. 대형 쇼핑센터와 일반 상점뿐 아니라 길가의 노점에서도 사용할 수 있다.

모바일 결제의 가장 큰 장점은 편리하고 빠르다는 것이다. 복잡한 과정을 간소화하여 QR코드를 스캔하기만 하면 결제가 완료된다. 편리하고 빠르다는 것 외에도, 상인이 위조지폐를 받을 위험이 없어졌기 때문에 모바일 결제는 매우 환영받는다. 심지어 일부 상인들은 더는 지폐 받기를 원하지 않는다.

UNIT 07　外卖文化

류쟈양　누나, 나 너무 배고파! 집에 뭐 먹을 거 있어?

류쟈치　집에 먹을 거 떨어졌어. 우리 둘이 배달 음식 시키자.

류쟈양　또 배달 음식 시키자고! 누나가 밥 좀 할 수는 없는 거야?

류쟈치	하기 귀찮아. 배달 음식 시키면 얼마나 편하니, 설거지할 필요도 없고.
류쟈양	배달 음식 앱은 누나 같은 게으른 사람 때문에 특별히 만들어진 거야!
류쟈치	너는 안 게으르냐! 그럼 너는 왜 안 하는데? 너 도대체 먹고 싶은 거야 먹고 싶지 않은 거야?
류쟈양	먹고 싶어 먹고 싶어, 화내지 마! 우리 자주 가는 그 마라샹궈집은 배달 가능해?
류쟈치	요즘 음식 배달이 안 되는 식당이 어디 있니!
류쟈양	그럼 재료를 어떻게 골라야 해? 나는 간 더우푸를 좀 더 많이 넣고 싶고, 샹차이는 싫어.
류쟈치	문제없지! 앱으로 직접 재료를 고를 수 있고, 매운 정도도 선택할 수 있어.
류쟈양	잘됐다! 나는 약간 매운 걸로!
류쟈치	나 주문했고 이미 결제도 했어. 이따가 네가 음식 좀 받아줘.

중국의 배달 음식

스마트폰의 보급에 따라 휴대 전화 앱으로 배달 음식을 주문하는 사람이 점점 많아지고 있다. 배달 음식 업계의 발전은 사람들의 생활에도 아주 큰 편리를 가져다주었다.

한국과 마찬가지로 중국의 배달 음식도 사람들에게 아주 인기가 많다. 배달 음식의 종류도 다양하고, 배달 속도도 빠르다. 당신이 생각하지 못하는 것만 있을뿐, 배달하지 못하는 음식은 없다고 말할 수 있다.

휴대 전화 앱으로 음식을 주문하는 것은 많은 장점이 있다. 우선, 앱으로 결제하면 가격을 우대해준다. 두 번째로 다른 사람의 평가를 참고하여 결정할 수 있다.

UNIT 08 结婚文化

장쉐밍	자기야, 우리 오늘 드디어 혼인 신고하러 간다!
이미나	나는 조금 긴장돼. 필요한 증명 서류들은 다 챙겼어?
장쉐밍	가족 관계 등록부, 신분증 다 챙겼어. 맞다, 너는 여권을 가지고 있어야 해.
이미나	알아, 다 여기 있어. 너 나 화장한 것 좀 봐봐. 양쪽 눈썹을 좀 다르게 그린 것 같아.
장쉐밍	별로 다른 거 없어! 사진 한 장 찍는 것 뿐인데, 너무 민감한 거 아니야?
이미나	결혼증서는 평생 쓰는 거잖아! 반드시 완벽해야만 해!
장쉐밍	이미 예뻐! 어서 민정국에 가자. 늦게 가면 줄 서서 오래 기다려야 해.

(혼인 신고 후)

장쉐밍	여보! 결혼증서 좀 다시 보여줘.
이미나	나는 이 호칭이 좀 익숙하지 않아. 닭살 돋아!
장쉐밍	차츰 익숙해질 거야. 당신도 나를 여보라고 불러봐!
이미나	음… 우리 언제 결혼식 올릴까? 좋은 날로 잡아야 해!
장쉐밍	말 돌리지 마!

중국의 결혼식 문화

중국 사람은 일반적으로 먼저 혼인 신고를 하고, 결혼식을 올린다. 결혼식은 보통 호텔에서 올린다.

결혼 당일 이른 아침에 신랑은 신랑 들러리와 몇몇 친척, 친구들을 데리고 신부를 맞이하러 신부 집으로 간다. 신랑 측은 통상적으로 같은 모델의 고급 승용차를 몇 대 심지어는 몇십 대를 빌려 신부를 데리러 간다. 신부 측 신부 들러리와 친척, 친구들은 일부러 신랑에게 문을 열어주지 않고, 신랑에게 '훙바오'를 달라고 한다.

중국 사람은 축의금을 줄 때 보통 짝수로 주는데, 다만 4는 제외다. 하지만 홀수 중 5도 자주 사용한다. 관계의 친밀한 정도에 따라 200위안, 500위안, 1000위안 등으로 준다. 신랑, 신부는 결혼식에 참석한 사람들을 위해 사탕과 결혼 축하주를 준비한다.

UNIT 09 新零售

장쉐밍 　여보, 냉장고 안에 채소가 왜 다 없어진 거야?

이미나 　그 채소들은 내가 버렸어. 넣어 놓은 시간이 너무 오래돼서 다 상했어.

장쉐밍 　그럼 장 보러 가자! 나 마침 새로 연 그 마트를 한번 구경하고 싶었어.

(마트)

이미나 　이 마트의 채소는 상당히 신선해. 해산물도 살아 있는 거야.

장쉐밍 　맞아, 많은 것들이 당일에 생산지에서 바로 운송되어 오거든.

이미나 　어쩐지! 봐봐, 이 바코드를 스캔하면 생산지 정보와 요리 방법을 볼 수 있어.

장쉐밍 　서비스가 확실히 세심하네, 가격도 싼 편이고.

이미나 　나 이곳이 너무 좋아. 집까지 배송도 가능해?

장쉐밍 　응. 우리 집이 여기서 비교적 가까우니까 앱으로 주문한 후에 30분 뒤면 도착할 거야.

이미나 　정말 빠르다! 당신 저쪽 봐봐, 어떤 사람이 해산물을 먹고 있어. 여기서 조리할 수 있어?

장쉐밍 　맞아. 여기에서 산 해산물은 현장에서 요리해서 먹을 수 있어. 듣자 하니 식감이 최고래.

이미나 　당신 말에 배고파졌어. 우리도 좀 사자.

'신유통' 모델

'신유통'은 소매업의 온라인, 오프라인 그리고 유통 시스템을 상호 결합한 판매 모델을 가리킨다.

식품이든 의상이든 아니면 기타 상품이든지에 관계없이 오프라인 매장은 인터넷 플랫폼으로 융합될 수 있다. '신유통' 모델에서는 소비자가 전통적인 쇼핑 체험을 할 수도 있고, 전자 상거래의 저렴한 가격과 편리를 누릴 수도 있다.

최근 몇 년간 중국의 알리바바, 쑤닝, 징동닷컴 등의 기업들이 새로운 유통 모델을 모색하고 있다. 그중 가장 대표성을 지닌 것이 바로 '허마센셩' 브랜드이다.

UNIT 10 节日

이미나 　곧 쐉스이야. 너 이번에도 폭풍 쇼핑할 거야?

이미나동료 당연하지! 만약 쐉스이에 뭘 좀 사지 않으면 손해 보는 느낌이야.

이미나 　그렇긴 해! 내가 작년 10월에 외투를 한 벌 샀는데, 결국 쐉스이에 가격이 떨어졌어. 후회돼 죽겠어.

이미나동료 지금 온라인에서 이미 사전 판매를 시작해서 내 장바구니에는 이미 30개가 넘는 주문 내역이 담겨있어.

이미나	그렇게 많다니! 네 장바구니에 어떤 것들이 있는지 내게 한번 보여주라.
이미나 동료	내가 선택한 건 다 인기 상품이라서 평소에 이 가격으로는 아예 사지 못해.
이미나	이 립스틱 나 알아. 최근에 인플루언서들이 팔잖아. 너 쟁취할 수 있겠어?
이미나 동료	모르지, 해봐야지. 11월 11일 0시 정각에 주문해야 해.

(쇼스이 후)

이미나	세상에! 네 택배가 산더미야!
이미나 동료	헤헤, 아직 도착하지 않은 물건도 꽤 있어. 판매자가 말하길 재입고 중이어서 내게 며칠만 더 기다리래.
이미나	너 정말 대단하다! 나는 원래 한정판 휴대 전화 케이스를 봐뒀는데, 쟁취하지 못했어.
이미나 동료	정말 안타깝다. 아마 쇼스얼에도 할인하긴 할 텐데 그렇게 싸지는 않을 거야.

중국의 특유한 명절과 기념일

중국에는 여러 특유한 명절과 기념일이 있는데, 그중에는 전통적인 명절뿐 아니라 새로 생겨난 기념일도 포함된다.

중국의 전통 명절은 모두가 아주 잘 알듯이 예를 들어 춘절, 중추절, 단오절 등이 있다. 이런 명절은 모두 음력을 기준으로 한다. 중국의 밸런타인데이조차도 음력인데, 바로 음력 7월 초이렛날인 칠석 밸런타인데이이다.

중국에 새로 생겨난 기념일도 매우 많다. 예를 들어 11월 11일은 솔로데이(光棍节)로, 이 날을 솔로데이라고 부르는 이유는 숫자 1이 막대기(光棍儿, 애인이 없는 사람) 같아서이다. 이 밖에 5월 20일과 5월 21일은 연인의 기념일에 속하는데, 그 발음이 '워아이니'와 아주 비슷하기 때문이다.